完全につながる
―コネクション・プラクティス―
平和を生み出す、脳と心臓の使い方

リタ・マリー・ジョンソン

きくちゆみ・森田 玄＝訳

Completely Connected:
Uniting Our Empathy & Insight for Extraordinary Results
Rita Marie Johnson

この本に寄せられた声

　『完全につながる』は素晴らしく、ホンモノで、強力だ。リタ・マリー・ジョンソンは最先端の理論を画期的なプラクティスに発展させ、私たちに魂のこもった、そして今もっとも必要とされる特効薬を提供してくれる。
　　（ジェームス・オディー　『コンシャス・アクティビスト』、『平和を育てる』などの著者／米国・コロラド州）

　リタ・マリー・ジョンソンは、科学的事実と彼女の幅広い個人的経験を融合させ、『完全につながる』をとても読みやすく説得力ある作品に仕上げた。これは最良の変革を引き起こす学びであり、平和論、平和教育、平和活動への貴重な貢献だ。あらゆる年齢層と階層の人々——児童から80歳代のお年寄りまで、教育者から、ビジネス、非営利団体、政府、社会福祉のリーダーに至るまで——に、"争いに勝つか負けるか"といった極端な解決法を超えるスキルを提供する。読者は共感と洞察を組み合わせる方法を学ぶことで、驚くような結果に到達する。その結果は成績と能力を向上させるだけでなく、癒しとエンパワーメントをもたらし、人間性を高めるだろう。
　　（パトリシア・ミーシェ博士　グローバル・エデュケーション・アソシエーツ共同創始者、作家／米国・ワシントンDC）

　ビジネスでは、人間関係の対立がストレスになるだけでなく非効率性の主な要因となる。どのように対立を止めさせるか、そしていかに対立の代わりに集合的創造性を引き出し積極的な精神を向上させてより良い結果を得られるかを、本書は示している。
　　（アニータ・カンピオン　世界的コンサルタント会社Connexusの社長兼CEO／米国合衆国・ワシントンDC）

リタ・マリー・ジョンソンは、彼女のコネクション・メソッドでコスタリカの何千という子どもと教師たちを校内暴力から守ってる。この本がこの経験を世界中の学校や組織に広める助けになることを期待する。
　　（カルロス・フランシスコ・エチェベリア　元文化省長官／コスタリカ）

　もし、より多くの人々がこの方法を実践すれば、私たちはもっと平和で公正で思いやりある世界を経験するだろう。『完全につながる』は、やがてこの国のリーダーになるすべての子どもたちの必読本にすべきだ。
　　（リック・ハルペリン博士　南メソジスト大学エンブリー人権プログラム主任／米国・テキサス州）

　組織には、自己を知り、自己に満足し、他人に理解を示し関われる人たちが必要だ。この本は、人々がまさにそれを実践するためのツールを提供している。
　　（キャロル・ギャラハー博士　共同経営者、アライアンス・フォー・エクセレンス／米国・カリフォルニア州）

　この本でコネクション・プラクティスを学んだ読者は否が応でも他者との融合を経験し、個人的能力もまた新たなレベルへと押し上げられていくことだろう。
　　（ドレサ・フィールズ博士　ダイアモンド・スクール創設者／米国・フロリダ州）

この驚くほど効果的なテクニックは人間関係を劇的に変化させる――他者との関係だけでなく、それと同じくらい大切な自分自身との関係においてもだ。これは、やっかいな対立を意義深い充実したつながりに変容させる一種の飛躍的進化と言える。
　（デービッド・マッカーサー J.D.　共著者、『インテリジェント・ハート』／米国・カリフォルニア州）

　リタ・マリー・ジョンソンは、近代科学と実用的スキルを見事に合体させ、たとえ困難な状況にあっても心から効果的に意思疎通ができる能力を人々にもたらす優れた教師であり、平和の創造者だ。リタ・マリーの仕事はあらゆる年齢層と文化に属する人々の助けになる。そしてそれは世界に平和の文化をつくるのに役立つ。
　（フィリップ・M・ヘルミッチ　平和のディレクター、シフト・ネットワーク、『神と対立：危機の時代に平和を求めて』著者／米国・カリフォルニア州）

　親、教育者、州や連邦政府の首長、そして世界の指導者になろうという志を持つ者たちがこの本を読み、そのツールを実践すれば、戦争は過去のものとなり飢餓は生まれないだろう。
　（リー＆ダイアン・ブランデンバーグ　ブランデンバーグ・ファミリー・ファンデーション／米国・カリフォルニア州）

　私は世界平和が実現するビジョンを常に抱いてきたが、その目標を叶えるための具体的な方法については無力さを感じていた。いま、このプラクティスを一人ひとりが学ぶ助けをすることで、その実現を確信している。この本のおかげで、私は自分のコミュニティでさらにこれを広めることに関わりたいと、やる気に満ちている。
　（マイケル・ディーズ　ビジョナリー・プロダクションズ社CEO／米国・テキサス州）

このシンプルなプロセスは、人生を阻害するプログラムから私を脱出させ、不安材料を自分自身と他者への思いやりに変えるスキルとロードマップを提供してくれた。
　　（J・リン・マクドナルド　専門職の調停者／米国・テキサス州）

　リタ・マリー・ジョンソンの革新的なコネクション・プラクティスを実践する度に、個人、家族、組織を変容させるその驚異的なパワーを思い知る。実際、このプラクティスは私自身の人生だけでなく、私がコーチングをしている人たちの人生にも大きな平和をもたらしている。いま、この素晴らしい本によって、誰もが彼女の経験とその成果による恩恵を受けられるのだ。リタ・マリー、お見事！
　　（スーザン・M・ベック　グローバル・フューチャー・アンリミテッド創始者・代表／米国・ミズーリ州）

　コヒーランスを学び、見境なく反応する脳の働きを乗り越える方法を学んだことが、私の人生を変えた。私はこのプラクティスにとても感謝している。このプラクティスを使えば、それがどのように、なぜうまくいくのかをこの本は教えてくれるだろう。この本を買い、読み、内容に沿って行動し、あなたのすべての友だちに贈ってほしい。
（カジャ・マイケルソン　親、認定コーチ、ヨガ教師／スウェーデン）

　学校専属心理カウンセラーとして、私はハート／脳・コヒーランスが生徒、教師、職員たちに与える目覚ましいポジティブな影響を実際に体験してきた。本書に説明されているように、共感につながるスキルとコヒーランスを統合することで、その効果はよりパワフルになる。
　　（バーバラ・ヒノホサ博士　学校専属心理学認定カウンセラー／米国・テキサス州）

リタ・マリー・ジョンソンが編み出したこの手法は、私たちのコミュニティのメンバーに驚くほどの影響を与えた。私たちは彼女のワークショップをオーガナイズし、関係者たちに彼女のファシリテーター・トレーニングを経験してもらい、コスタリカでは彼女と共に過ごす２日間のプログラムも体験した。リタ・マリーの情熱と明晰さは、彼女の心と言葉を通して輝いている。このプラクティスによって私たちはすんなりと心から理解し合えるようになる。そのため、私たちの人間関係における痛みは癒され、あるがままの姿とスピリチュアルな真理を保ちつつ、生きるために必要なものを満たす道を見つけることができるのだ。他者とつながり、共感と思いやりを養うこのプラクティスは、誰にでも学べる素晴らしい"対立の解決ツール"だ。またこれは、たちどころに心を開き、変容し、ありのままの自分で存在するためのツールでもある。私はリタ・マリーと本書を高く推薦する。あなたとあなたの仲間たちは彼女とこのプラクティスを大好きになるだろう。
　（ペトラ・ウェルデス博士　牧師、センター・フォー・スピリチュアル・リビング／米国・テキサス州）

自分が感じた恐れや苦しみを娘の私とも正直に分かち合い
人生は恐るに足らぬものであることを身をもって私に教え
私が自分の人生をまっとうできると信じてくれた
父、カール・ジョンソンへ

姉（右）と私に、「バッタはこわくないよ」と語りかける父

謝　辞

　この本は、私が取り組む以前から"社会情動的スキル（SEL）"の科学と実践に携わってきたすべての人々と、10年以上にわたり私と共にコネクション・プラクティスを発展させてきた人たちの功績の賜物である。

以下のすべてに、あふれる感謝をこめて――

　思いもよらぬ方法で、楽しく役立つチャンスを与えてくれた、私の人生に。
　友人であり、コネクション・プラクティスの教師仲間であり、ラスール・ファンデーション・インターナショナルの教育課程開発責任者で並外れた編集者でもある、ダイアン・ブロムグレンに。
　私の大切な姉であり、幼い頃は揺り椅子で私を揺らし、大人になった今も傍らでそっと私を支えてくれる生れながらのピースメーカー、シャリー・ホランドに。
　私の活動とこの本に発展の鍵となるチカラをもたらしてくれた、ダイアンとリー・ブランデンバーグに。
　ハートマス研究所の創設者ドック・チルドリーと、研究所の素晴らしいスタッフたち、中でもことさら長年にわたり私のすべての要求に応え続けてくれた、ジェフ・ゴーリッツに。
　非暴力コミュニケーション（NVC）の創造者マーシャル・ローゼンバーグ博士と、コネクション・プラクティスの発展に貢献してくれている多くのNVCトレーナーたちに。
　この仕事の基礎を築く助けをくれた、ホアン・エンリケ・トロに。私の知性を広げ"ラスール"の詩に導いてくれた恩師、ロバート・ミューラーに。

　私のネットワークを広げコスタリカでの仕事を支えてくれた、エリノア・デティガーに。

コスタリカで私の仕事を支えてくれた三人の大統領——ノーベル平和賞受賞者オスカー・アリアス、ロドリゴ・カラソ、ローラ・チンチラ——と共に、この壮大な"関係性・感情の学習 (SEL)"についての実験をコスタリカで実施する道を開いてくれた人物、アレクサンドラ・キスリングと、開発のためのビジネス協会 (AED)、そして、コスタリカの人々に。

米国合衆国、バハマ諸島、コスタリカ、日本、プエルトリコ、ニュージーランド……で認定コーチやトレーナーとしてこのプラクティスを広め、各地に総合的な叡智をもたらしている"ラスール"たちに。

この活動に家を提供し熱心に役目を果たしてくれているテキサス州のコーディネーター、ディー・メイヤーズに。

米国向けにコネクション・プラクティスの教育課程を開発し、最初のパイロット校を創設してくれた、ローリ・ブラディとジュディ・ヘンリーに。

ラスール・ファンデーション・インターナショナルとコスタリカのラスール・ファンデーションの役員とスタッフたち——メリッサ・ウラー、シャリー・ダイヤー、リー・ファイルズ、バーバラ・ジョーンズ、エリック・カサム、カヤ・ミッケルソン、アン・ランソン、ロン・ハリリ、カルロス・エチェベリア、ブレンダ・クレイセン、ルイス・ディエゴ・ソト、マルシア・アグイラス、マーラン・モーラ、テリー・ロドリゲス、ケルシー・ビサー・イーソン、JP・イーソン、シェリー・パトリック、ナンシー・マリン、アンドレアス・ヒメネス、マリベル・ムニョス、ベラ・ルシア・サラス、シャロン・ボイド、フンベルト・フェルナンデス、ジョン・ウィリアムズ、パウロ・カストロ——に。

友人として、また専門家として、経済的な支援を含め私を何度も蘇らせてくれた、デービッド・マッカーサーに。

ラスール・ファンデーション・インターナショナルのコミュニケーションとオペレーションの責任者で、並外れたソーシャル・アントレプレナーでもある、リサ・ニコラスに。

この本の初版1,000部の印刷を提供してくれた、マイケル、ミシェル・ディーズ、バート・ヘデンに。

子どもたちの教育課程用に素晴らしい音楽を作曲してくれた、サム・グアルナシアに。

シフトネットワークの、フィリップ・ヘルミック、ジェームズ・オディア、エミリー・ハイン、ホリー・ウッズ、イサベル・クリスチャンセンに。

ダニーン・バーク、パトリシア・レイター、キャット・テニーの魂の姉妹たちと、魂の息子のアンドレス・レストレポに。

長年にわたり私の仕事を支えてくれている頼れる友人、ニール・カーソンに。

私に必要な学びを与えてくれた、デービッド・エリオット、ジョン・エリオット、ジェニー・トロに。

辛いときも私を支え続けてくれた愛犬ミリーと、これまでの人生で私と共にいてくれたすべての犬たちに。

編集者のデボラ・シュース、カバーデザイナーのカティ・ダン、書籍制作者のホビー・ホバート、著作権係のグラハム・ヴァン・ディクソン、装丁担当のドリー・マクレランド、制作指導者のジョン・エゲンとジル・チークス、リソースリスト開発係のジーン・マクエルハニー、校正係のジュード・グラッドストーンに。

本書に仮名で登場している、たくさんの実話提供者たちに。

二種類の知性

二種類の知性がある

ひとつは後天的なもので
学校、書物、教師の言葉などから事実や概念を覚え
新旧の科学から情報を集めることで培われてゆく知性

そのような知性をもって、人は世間で身を立てる
出世するか出遅れるかは
情報をどれだけ覚えるかで決まってくる
あなたはこの知性を手に
知識の畑をせわしなく行き来し
メモ帳にいつも実績を書き入れる

もうひとつは先天的なもので
あなたの内ですでに完成形で保存されている知性

その知性は、四角四面のマットレスから
勢いよく飛び出したバネのように
胸のまん中からイキイキとあふれ出し
色あせることも、成長が止まることも
逆流することもない

このふたつ目の知性こそが
あなたを輝かせる源泉なのだ

ルーミー

目　次

第1章　混乱からつながりへ……………………………………17
第2章　"ハート／脳のコヒーランス"が洞察を導く………31
第3章　感情とニーズに名をつけることが共感をもたらす……57
第4章　共感＋洞察＝つながり…………………………………86
第5章　コネクション・プラクティスを使って課題を克服する
　　　　……………………………………………………………115
第6章　家庭と学校でのつながりをつくる……………………137
第7章　ビジネス、非営利団体、政府、高等教育でのつながり
　　　　……………………………………………………………169
第8章　BePeace プラクティス…………………………………186
第9章　よりつながった世界に向けて…………………………202
第10章　新しいはじまり…………………………………………218

今日からつながり始めよう………………………………………222
原注…………………………………………………………………231
用語解説……………………………………………………………239
本書の実習方法（ブック・スタディ）…………………………241
参考文献……………………………………………………………255
著者について………………………………………………………263
コネクション・プラクティス基礎コース紹介…………………265
製作協力者リスト…………………………………………………267
訳者あとがき………………………………………………………268
日本語版によせて…………………………………………………271
カラーイラスト……………………………………………………273

第1章

混乱からつながりへ

コネクション・プラクティスによって、人生を変容させた人々

　２年前、友人のステファニーは生涯忘れることのできない課題に直面した。彼女はある小さな会社のCEO（最高経営責任者）として雇われたが、その後わずか３ヶ月で役員会のメンバーたちから、「不満なので契約を破棄したい」と言われたのだ。

　彼女は突然の宣告に驚きつつ、これまでの自分の行動を思い起こしてみた。前任のCEOのやり方に不満を持っている者はいないように見受けられたので、彼女は引継ぎ後も特に前任者と違うやり方はしていなかったのだが、あらためて振り返ってみても、彼女は自分のやり方に問題を見出すことができなかった。

　「自分と役員たちの間の信頼関係を揺るがせる何が起きたのだろう？」と彼女は自問した。自分を中傷する身に覚えのない噂を耳にし、その出所を探ろうとした矢先に、役員たちの不満が爆発してしまったのだ。解雇されることになったというニュースを聞いて、ステファニーは役員会に会談を申し入れた。コネクション・プラクティスのトレーニングを受けていた彼女には、役員たちと再びつながることができるという自信があった。会談の前に、混乱、痛み、怒り

という感情を特定し、明晰さ、公正さ、ありのままの自分を見てもらう、という彼女のニーズを確認する最初のステップをとった。自己共感をした後、彼女はもうすっかり落ち着いて自分を取り戻し、役員たちと向き合う用意ができた。

会談は役員がひとりひとり解雇の理由を述べることから始まった。彼女はそれらの意見に静かに耳を傾け、そして彼らがそれぞれ感じていることに共感し、何のニーズが満たされないのかを丁寧に推測して答えた。やがてこの共感的な対話によって、ステファニーが権力を乱用する人間だという役員たちの認識には、まったく根拠がないことが明らかになった。それどころか、他の人たちのニーズを尊重する彼女のスキルは、部屋にいる全員に一目瞭然であった。

ステファニーは、役員たちが快くこの問題を解決しようとしたことに感謝した。するとひとりの役員が「今となっては、なぜ私たちがここに来ることになったのか理解できません。私はCEOを解雇する正当な理由になるようなことは何も聞いていなかったことに気づきました。こんなことになって恥ずかしく、きまりが悪いです」と言った。別の役員も「私も恥ずかしい。あなたに謝りたい」と言った。そしてひとりひとりが謝り、彼女がCEOを続けることに賛同した。

会談が終わってから、ステファニーはこの対立を引き起こした役員のトムにさらなる共感を与えた。彼とのやり取りの間、彼女はハートと脳のコヒーランス（同期）を持続させた。これはコネクション・プラクティスのステップのひとつで、それによって本人だけでなく周りの人々も、より深い洞察を得る可能性が高まるのだ。突然、トムの目に光が浮かんだ。「あなたに対する私の反応は、17年前に私ともめていた、あるCEOとの対立が原因だったのだと気づきました。あなたとはまったく関係のないことだったんです」と叫んだ。彼は過去からの痛みに気づき、それを手放せたことを、彼女に感謝した。

ステファニーは後に「コネクション・プラクティスを学ぶ中で、誰にとっても過去の記憶が新たな反応のトリガー（引き金）になる

ことがあると理解できるようになりました。トムの心の傷（トラウマ）に思いやりを持つことは難しくありませんでした。私たちが平和的にこの状況を解決でき、より深い、より信頼できるつながりを築けたことでホッとしています」と語った。

　コネクション・プラクティスが役立つのは、大人だけではない。ジョーは学校でじっとしていられない子どもだった。5年生のクラスで彼はつねに落ち着かず、教師の言うことに従おうとしなかった。算数のテストで落第点を取った後の休み時間、彼は校庭でクラスメイトの髪を引っぱった。幸い彼の教師はコネクション・プラクティスのトレーニングを受けていたので、彼女はジョーに子ども向けのコネクション・プラクティス講座を受けさせることにした。コースを受けに私たちの本部に到着してからも、彼は他の少年たちをぶったりして、なかなか注意を向けさせることができなかった。でもやがて彼は様々なアクティビティに参加するようになり、落ち着きを取り戻した。

　私はその日の最後のエクササイズをしているジョーのグループに参加し、最近何か争いがあったか質問した。ジョーは算数のテストのことと、クラスメイトを傷つけたことを話した。私はそれらについての彼の感情を推察し始めた。「テストで落第点をとったことで怒っていたの？」と聞いた。彼はうなずいた。さらに掘り下げて尋ねると、彼が多くのテストで落第していることが分かった。そのことで打ちひしがれているのだろうと思った。孤独なのかと聞くと、彼は「うん、ときどき」と答え、顔が緩むのが見えた。

　私はその感情の奥にあるニーズを探り始めた——学び、達成感、そしてサポートのニーズだ。さらに、仲間に入るというニーズに触れたとき、大きな涙が彼の頬を滑り落ちた。私たちがコネクション・プラクティスで学ぶ"共感を与えること"が、彼の胸を直撃したのだ。

　それから私は、ジョーを"ハートと脳を同期させるためのステップ"に導いた。そして数分間の沈黙の後、この対立する問題について何を知る必要があるのか、目を閉じて自分の心に問うように彼を促した。ジョーが目を開けると「僕は誰かを傷つける代わりに、僕

に必要なものをリクエストすればいいんだ」と言った。ジョーは自分自身に暴力的行為をさせている満たされないニーズを発見し、それを必要とするときは助けを求めてもよいことに気づいたのだ。学校に戻ったあと、彼は生徒たちを傷つける代わりに、コネクション・プラクティスの調停者として、自分たちの間に起きる争いごとを解決している。

プロのカウンセラーたちも、クライアントを助けるのにコネクション・プラクティスが役立つことを発見した。ダラスの依存症回復センター・ネクサスのあるカウンセラーは、「私はクライアントの気持ちを汲み取るのは得意でしたが、ニーズには注意を向けていませんでした。この気づきが必要でした」と言い、別のカウンセラーは「なんて素晴らしい生き方を可能にしてくれるんでしょう！」と言った。

コース参加者のメリッサは、「精神医学ソーシャルワーカー（保健福祉士）として、私が経験した新しい知識、洞察そしてプラクティスが有効的で癒しになることにこころが開き気づかされました。これはほかの人たちにもぜひすすめたい素晴らしいツールです」と言った。

コネクション・プラクティスは私自身の人生だけでなく、何千ものあらゆる種類の人々の人生を変えている。その成功例はいくらでも紹介できるが、あなたが実際にそれを経験しない限り、そのパワーを理解するのは難しい。それは18世紀に暮らしている人に携帯電話を説明しようとするようなものだろう。

この楽しく生きる方法のおかげで私は行き詰まることなく、無用な苦しみから救われている。これまでは、昔ながらの反応的な行為を繰り返しては、虚しい関係にがんじがらめになっている自分がいた。またある時は方向を見失ってもがき、自分を価値のない人間だと思っていた。そしてある時点で、読んでもヤル気の出ない自己啓発の本を読むことにこれ以上耐えられなくなったのだ。

しかしこの単純明快な相乗的スキルに出会い、その効果に度々驚かされてからは、人生が好転し、私は二度と過去を振り向くことは

なくなった。私は不完全ではあるが、成長する人間だ。今は自分の弱みに正直でいられると同時に、他者との間に健全な境界線も確立し、確固たる自尊心もある。混乱しエネルギーが消耗するだけの対立にもう時間を浪費することもなくなった。つながりのスキルを学ぶと、人生におけるたくさんの病気が解消し始める——燃え尽き症候群、依存症、傷つく対立、虚しさ、鬱、ストレスによる身体への弊害などに別れを告げることができるのだ。

　様々な分野でコネクション・プラクティスがどれほど人々に影響を与えているかを知ることは、私の大きな喜びだ。最近、国際的コンサルタント会社のCEOであるアニータ・カンピオンが、コネクション・プラクティスが彼女の会社で人間関係と革新(イノベーション)にどれほど貢献しているかをビデオにするために、彼女の本拠地であるワシントンD.C.からカリフォルニアまで自費で飛んで来た。

　アニータはKRONテレビ局（NBCの関係支局）を退職したヘンリー・テネンバウムとのインタビューで、「今では従業員たちが、互いの人間関係においても、仕事に対しても、以前より深く関わるようになりました」と語った。

　一般向けのコネクション・プラクティスのコースに参加する人たちは、さまざまな問題を抱えてやってくる。ジョンは「いつも周りの人々との間に距離を感じていましたが、もうその気持ちは消えています」と言った。23歳で脳を負傷した現在40代のキャシーは、「事故以来、初めてはっきり考えられるようになったわ」と人々に語っている。セリダは涙ながらに、「ここに来た時の気分はバラバラだったけれど、平和な気持ちで帰れます」と話してくれた。

> この方法は万能薬ではないが
> 多くの効果をもたらしてくれる

　コネクション・プラクティスの影響力を見たある人は、「この方法は万能薬ではないが、多くの効果をもたらす」と言った。多くの

人は、自己の内面の扱い方を学ぶことで飛躍的に成長する。私たちが一度その飛躍を経験すると、他者との関係がとても豊かになるので、多くを求めなくても驚くほど満たされるようになるのだ。

コネクション・プラクティス

　コネクション・プラクティスは、社会情動的スキル（SEL）の方法のひとつで、共感と洞察を合体させることで計り知れない結果を達成する。[a]

　共感は"感情とニーズへの意識的なつながり"によってもたらされ、洞察は"ハートと脳のコヒーランス（同期）"を通してもたらされる。用語については次章で説明するが、この両方の相乗効果によって最大限の知性がもたらされ、レジリエンス（柔軟性）が増し、能力が向上するのだ。それらは、ストレスの急激な減少、ネガティブな感情の解放、感情のバランスの維持、人間関係の改善、対立の創造的解決など、驚くべき効果をもたらしてくれる。

　このプロセスの複合的な効果については本書を読み進めるうちにご理解いただけるはずだが、基本的プロセスは以下のようにシンプルだ。

1．あなたの"悩みや課題"または"嬉しかったこと"を表現する。
2．感情を探り、認識する。
3．満たされないニーズ（必要で大切なこと）、または満たされたニーズを見出し、それにつながる。
4．その状況に関わる相手の感情を推測する。
5．その状況に関わる相手の満たされない、あるいは満たされたニーズを推測する。
6．以下の手順で、ハート／脳・洞察をもたらす。

クイック・コヒーランス®・テクニック[1]

a. ハートフォーカス：心臓を基点とした胸の中心部に意識を集中する。
b. ハート呼吸：まるで心臓で呼吸しているかのように、深く自然な呼吸をくり返す。
c. ハートフィーリング：ハートフォーカス、ハート呼吸を続けながら、ポジティブな感情でハートを満たす。
d. 「今、何を知る必要があるのか」を自分自身に尋ね、洞察に耳を傾ける。
e. その洞察に従って、行動を決める。

すでにコスタリカの学校では4万人以上の生徒がこのプラクティスを体験しており、米国をはじめ各国の企業、非営利団体、学校、大学、宗教団体に広まっている。このプラクティスを体験した人々は共感と洞察の両方を活かしながら他者とより深くつながり、様々な課題にうまく対応する技能を日常生活の中で磨き続けている。

完全なつながりを持つことの必要性

私がどのようにしてこのプラクティスに行き着いたかをふり返ってみると、私の子ども時代のある記憶が甦ってくる。夕暮れ時、父と私はミズーリ州の私たちの農場を、トラクターのタイヤがつけたわだちに沿ってぶらぶらと一緒に歩いていた。その道が消える小川に私たちが着くと、父は私に「自分の人生に自信を持てるようになる一番の方法は、どんなことだろう？」と尋ねた。私は「わからな

---

a.「コネクション・プラクティス」は、NVC(非暴力コミュニケーション)とハートマスに深く触発され、両者の了承の下、これらの二つの商標登録された実績ある手法から発想を得て生み出された。「コネクション・プラクティス」は、共感と洞察の相乗効果がその焦点であり、NVCとハートマスのプロセス全体ではないので、それらを合わせたものとして定義されない。さらなる学びのためにコース受講者が、www.cnvc.org と www.hearmath.org にあるトレーニングを受けることを推奨する。

いわ」と答えた。何しろ私はまだ10歳だ。「私にもわからないが、それがわかっていたらなぁ……と思うよ。他の人といても、居心地がいいと感じることがないんだ」と父。私は父の孤独と苦悩を感じ、私たちの心は悲しみに染まった。ふたりで黙って歩き始めたが、答えの見つからないその質問は心に重く漂っていた。

　それから何年も経ち、87歳になった父とテキサス州アーリントンのルビーズ・カフェテリアでランチを食べていた時のこと。「お父さんが人生で最も影響を受けたことは何？」と私が尋ねると、彼はフォークを置いて、まるで過去からの声に静かに耳を傾けているように目を伏せた。父にとって難しい質問であることはわかっていたので、静かに答えを待っていると、やがて父はこう言った。

　「子どもの頃、両親が素晴らしい家庭を築いてくれたことは、私に大きな影響を与えてくれたと思うよ。しかし私は、実は小学4年生の頃からずっと友達にいじめられていて、それを誰にも言えなかったんだ」

　「え？」突然の返答に驚き、私は信じられない気持ちで、父にこう語りかけた。「まったく知らなかったわ。きっと怖くて寂しかったでしょう。そのことについて話してくれない？」

　話を聴くうちに、あれほどの品位を自然に保てる父が、人生に自信を持つためになぜあれほどまでに苦労していたのかがやっとわかった気がした。彼が10歳の子どもにアドバイスを求めるほどに悩んでいたのは、いじめに自信を奪われていたからだったのだ。もしあの日の私が「コネクション・プラクティス」を知っていたら、父の悩みに平和的な解決をもたらせたことだろう。

　いじめは、私たちが無意識で必死につながりを求めている時に現れる多くの症状のうちのひとつだ。米国のシークレットサービスと教育省のよく調査されたガイドブック『学校での脅威評価』[2]に「つながりは重要な"心の接着剤"である」「つながりは"安全と尊敬に基づく文化"の核となる要素である」と明記されているほど、つながりが健全な社会にとって必須だと認識され

> つながりは、
> 重要な"心の接着剤"

ているにも関わらず、その実践方法が教えられていないのは、おかしなことではないだろうか。

　もし私たちがより思いやりのある世界へ進化してゆきたいなら、"つながりが私たちにもたらす安心感"に着目する必要があるだろう。

　２人の人間がつながると、あるレベルの信頼と親密さを体験する。『挑戦する勇気（Daring Greatly）』の著者ブレネー・ブラウンは、"つながり"について、「見てもらい、聞いてもらい、大事にされていると感じる時、また評価や判断なしに分かち合うことができる時に、人々の間で創造されるエネルギー」と定義した。[3] 彼女は人間の弱さについての研究と彼女自身の経験を通して、つながりを創造する道筋を切り拓いてくれたのだ。私たちは、彼女の言うような「つながり」を長い間求め続けてきたのではないだろうか。20世紀のヒューマニストとして名高いアルベルト・シュヴァイツァーが「たとえ誰かと一緒にいても、みんな寂しくて死にそうだ」と表現した頃から、未だにつながる方法を発見できないでいる。

　父の人生が終わりに近づいた頃、私は彼と過ごすためにコスタリカからテキサス州アーリントンに移ったが、そこはたまに見知らぬ人が犬の散歩で通りかかったり、車に乗ったりするところを見るくらいで、近所づきあいや人の行き来もない孤立した環境だったので、長く暮らすことができなかった。

　今私は、もといたコスタリカの村で暮らしていて、近所には名前もよく知っている顔見知りが多いのだが、それは人々がいつでも通りに出ているからだ。米国人である私のスペイン語はいまだにひどいものだが、ここは私にとって、最もホーム（ふるさと）だと感じられる温かい場所だ。けれど一般的には、家、学校、仕事先、社会などにおいて、孤独を感じている人々に出会うことも多い。健康的な社会に不可欠なものは"つながり"だと明らかにされているのに、それをもたらす方法が人々に教育されていないのは、おかしなことではないだろうか？

　"つながり"の相手は他者だけとは限らない。自分自身とどうつ

ながるのかを学ぶこともまた、他者とのつながり方を学ぶのと同じかそれ以上に必要なことなのだ。すべきことや持つべき物についての情報があふれ返っている一方で、私たち自身の最良の知恵につながる方法についての教えはまったくと言っていいほど見当たらない。その結果、多くの人々はほとんど意味のない、真の喜びとは別ものの流行の娯楽的行為にふけっている。心に分け入って人生の目的に火を灯す方法を知らぬままでいると、私たちは空しい娯楽や痛みを伴う人生劇に時を費やすだけで一生を終えることになりかねない。人生に行き詰まった時、人々の苦しみが大きいのは、本当の自分を知ることからもたらされる幸せを見失っているからだろう。

　成長過程において、自分自身の内側と外側につながる方法を知らずにいることの代償は大きい。一人ひとりが持つ計り知れない可能性は無視され続け、そんな個人の集まりである組織は混乱と対立で堂々めぐりをくり返すことになる。ビジネスにおいては損失を招き、学校では学習能力が削がれ、家庭では離婚に行き着くことも珍しくない。そしてそれは国と国との関係にも広がってゆき、戦争の火種にさえなってゆくのだ。「つながっている」という明確な意識の欠如は、個人的にも、職業上でも、そして世界的な規模の事柄においても、行き詰まりをもたらす。ムダな苦しみをつくり、より良い変化への希望が失われてしまうのだ。

　「社会情動的スキル」は、このような問題を解決する画期的な方法になり得るが、それはあらゆる時と場合に実現可能でなければならない。私は何か問題が起きた場合、この手法をその日のうちに実践するのだが、それはその方が長期間かけて問題解決に挑むより遥かに効率が良く、楽だからだ。私たち人類がもうネガティブな歴史をくり返さずにすむよう、すべての人々にこの手法を身につけてほしいと願っている。そうすれば私たちは真の変革によって新しい歴史を創っていけるだろう。それは一人ひとりが自分自身と他者とのつながりに基づいて行動し、そこを土台に成長し始めた時にこそ実現していくに違いない。

変化を起こす効果的な方法を持つ

　多くの人が真の変革の方法を求めているが、社会的変革に絶望している人たちもいる。けれども私たちは今、何千もの証言と10年以上のプログラムの検証によって証明されているこの"つながりのノウハウ"によって、絶望を乗り越えていくことができるのだ。

　いかにコネクション・プラクティスが有効かを示す数多くの科学的事実以外にも、知るべきことはたくさんある。私は人の内面の働きを理解するのに役立つ研究に対して心から敬意を払っているが、知ったことを一つひとつチェックして完全に理解するまで、その実践を待ってはいられない。私は科学者ではなく現役の教育者として、科学から学んだ"心臓と脳のつながり"の最も基本的なことを選び、ポジティブな結果を得られる実践的な手法を形づくった。私は、この手法がうまく行く理由をより深く理解できるように、科学者に力を貸してほしいと思っている。

　コネクション・プラクティスがあらゆる問題の解決策である、と言うつもりはない。あらゆる問題の解決方法を知っている人はいないだろうし、人生の計り知れない謎を捉えることなど、誰にもできないだろう。そしてもちろん、私はひとりでこのスキルを創りあげたわけではない。この手法は、力を寄せてくれたすべての人々の天才的な能力のおかげで生み出された。そのことに深く感謝しつつ、この本でその内容を紹介していこうと思う。

　本書では、"ラスール"と私たちが呼ぶコネクション・プラクティス認定コーチ、認定トレーナー、そして教育課程・インストラクターたちの経験も紹介していく。ラスールたちは、あらゆる人々が「つながりのスキル」を実践し、その贈り物を次世代に引き渡していく世界という仲間全員に共通するビジョンの実現に向けて大いに貢献してくれている。

　"ラスール"という名前は、コスタリカの叙事詩[4]にあるひとりの熱心な教師（マスター）の物語から来ている。ラスールがある小さな村に現れ、子どもたちを山の中に誘い、そこで子どもたちに自

分自身とお互いが自然につながる方法を教える。その授業は1週間続き、子どもたちは学んだことを毎晩親たちと分かち合っていくのだが、この神秘的な物語が、コネクション・プラクティスを提供する「ラスール・インターナショナル・ファンデーション（RFI）」の名の由来である。

　以前の私は、自分自身や他者とのつながりが物事を上手くやっていく上で不可欠であることを知らなかった。つながりがないことによる飢えを他のもので癒そうとしていたが、間に合わせの穴埋め材料が多くなり過ぎて逆効果を生んでいた。つながる方法を知らずにいた時の私は、よく他人を傷つけるようなことをしていたが、今はこのスキルを実践する度に人生がどんどん豊かになっているのを感じている。突発的なことなどが起きて翻弄されそうになる度に「大切なのはつながりであって、完璧さを目指すことではない」と自分に言い聞かせるようになり、この"つながりのスキル（コネクション・プラクティス）"のおかげで、どんな時でも間違いから学び前進できるようになった。コネクション・プラクティスを実践している仲間たちもまた、学びのプロセスにおいて私と似たようなことを感じてきたようだ。

　この画期的な手法を理解し、新しい語彙を暮らしの中に取り入れるには、ある程度時間が必要だ。皆さんの学びのプロセスの助けになるように、本書の最後に用語解説と本書の実習方法を入れておいたので活用してほしい。コネクション・プラクティスは、"より良い人生を生きるための最終手段"ではない。、日進月歩の脳科学から導き出される発見によって、どんなに有益な最新情報もやがては過去のものになるだろう。しかし、今は私たちが知り得た最良の方法と言えるこの手法をフルに活用しようではないか。

いよいよ時が到来した

　私の生涯の夢は、様々な状況で生きる全ての人が、より平和で革新的な世界を創造する能力を持てるようになることだ。その夢を実

現するためには、その能力を育み、日常生活の中で応用するための明確なノウハウ（手段）が必要だった。私は、誰もが実際に使えて自然に身につくような"社会情動的スキル（SES）"を見出したかった。そんなノウハウを求め様々な方法論を試し続けてきたある日、それまでの探求の結果が突然ひとつのまとまった形となってもたらされたのだ。

　それは2002年――50歳になった私が、収入の見込みもないままある仕事を辞めて間もなくの頃のこと。教師をトレーニングする"社会情動的スキル（SEL）"のプログラム開発のために仕事を辞め、それまで5年もの月日をこの分野での探究に費やしてきたにも関わらず、私は何か本質的なものが欠けているのを直観的に感じていたある日のことだった。コスタリカの自宅のリビングで居心地いいソファに寝そべって空想にふけっていると、突然、驚くようなひらめきがやって来たのだ。頭の中をすごい勢いで駆けめぐるそのアイデアに私は興奮して目を見開き、まっすぐに座り直した。

　それは私が"社会情動的スキル（SEL）"で学んできたことをひとつに統合する内容だった。私は、啓示とも思えるそのパワフルなひらめきが外に漏れてしまわないようとっさに手で口を抑えたほど、そのひらめきに自分の全人生を変えることになるだろうと直観するパワフルなエネルギーを感じた。しかし、それは間もなく私の内からあふれ出し、結局のところ私はコスタリカの国連平和大学で世界中の異なる文化、宗教、言語の大学院生たちに「コネクション・プラクティス」を教えることになったのだ。

　それ以来私はずっと人々にコネクション・プラクティスを教え続けていて、自分自身でもそれを毎日使い、体現し続けている。10歳の時、私は父を助けることができなかったが、完全につながりのある人生を生きることが可能だと知ってからは、70代になった父に対してもやっと期待に応えることができたと感じている。

　この本は、そのような驚異的なことが、彼に、私に、コネクション・プラクティスを学んでいる人々に起きた証の物語だ。そしてそれはあなたにも充分起こり得ることなのである。

この章のまとめ

1．コネクション・プラクティスは"社会情動的スキル（SEL）"の方法のひとつであり、共感と洞察の相乗効果は、計り知れない結果をもたらしてくれる。

2．コネクション・プラクティスは共感し洞察を得ることで"社会情動的スキル（SEI）"を築き、レジリエンス（柔軟性）を高め、能力を強化する。

3．共感は、感情とニーズに意識的につながることで達成される。

4．洞察は、ハート／脳のコヒーランス（同期）によってもたらされる。

5．コネクション・プラクティスによって、行き詰まることや、古い反射的反応をくり返さずにすむようになる。

6．つながりは、聞いてもらい、見てもらい、大事にされると感じる時の自己と他者との間のエネルギー的な結びつきである。

第2章
"ハート／脳のコヒーランス"が洞察を導く

❘ コスタリカでの発見

　人間の"内面とのつながり"を叶える実践方法を求め長い道のりを歩き続けてきた私は、その途上で心理学の学位を取り、障害を抱える子どもたちや青年たちと働き、自己成長セミナーに参加し、ガン患者を介護し、テキサス州保健局のボランティアサービス所長を務めるチャンスにも恵まれてきた。しかし、1993年に平和な文化を持つコスタリカに行き着いてから経験した教育現場での学びは、私にとってそれまでのどんな経験にも勝るものだったと感じている。「この国には得るべきものがある」という私の直観は、私を素晴らしい人生の旅に招き入れ、20年以上たった今もなおその旅は続いている。

　直観に従ってコスタリカに移住した後も、この地の文化を理解し地に足が着くまでには時間がかかった。私の直観が私をこの地に導いた理由が明らかになり出したのは、私が1997年に首都サンホセの西にある町、エスカズに小学校を創設した時だ。私はそこで"社会情動的スキル（SEL）"の実践を始めるつもりだった。それは自分自身と他者に関わる人間関係のスキルを開発するためで、ダニエル・ゴールマンの著作『エモーショナル・インテリジェンス（感情

的知性)』[5]が、私の心を SEL に導いたのだ。私がそれに夢中になったのは、その"エモーショナル・インテリジェンス"こそが、私たちの教育システムに欠けているように思えたからだ。米国にある「ハートマス研究所」がこの分野で優れた研究をしていると聞いたので、私は代表のデボラ・ロズマン博士をコスタリカに招き、セミナーを開いた。

ロズマン博士は「コヒーランス」という用語を使って、脳とハート（心臓）とのコミュニケーションについての興味深い研究を紹介してくれた。ハートマス研究所によれば、人間におけるコヒーランスとは、私たちの肉体的、心理的、感情的システムのシンクロナイゼーション（同期）のことだという。それは心拍パターンによって測定が可能で、その波形がバランスよく滑らかであればよりシンクロ

> コヒーランスは、
> 私たちの肉体的、心理的、
> 感情的システムの
> シンクロナイゼーション（同期）

（同期）している"コヒーランス状態"であると見なされ、それは、明晰性、認知力、能力が最も調和した状態を意味する。[6]

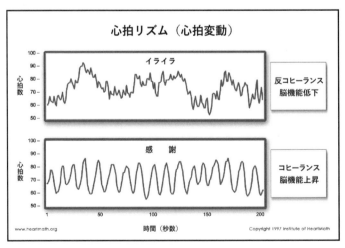

感情は心拍リズムと明晰に考える能力に影響する。（273 ページのカラー図参照）
©2016 Insitute of HeartMath & Rasur Japan

不満のようなネガティブ(否定的)な感情は"反コヒーランス状態"をもたらし、その時の心拍パターンは不規則になる。すると私たちの思考は霧がかかったようになり、間違いを起こしやすくなる。ポジティブ（肯定的）な感情は均一なリズムのパターンを示すコヒーランス状態をもたらし、そうなると明晰さや洞察力が増すのだ。（左図参照）

「ハートに感謝の気持ちを生むようにするのが、最も早くコヒーランス状態になる確実な方法です。感謝は人々が簡単に抱けるポジティブな感情ですから」とロズマン博士はアドバイスしてくれた。

大切な思い出、自然の中での時間、あるいはペットなど感謝の気持ちとつながる完全にポジティブなことに気持ちを集中するといいと彼女は言った。

ポジティブな感情はコヒーランスを生む。なぜなら身体は発振器のようなしくみを持っていて、脳、心臓、呼吸器系、消化器系などは全て律動運動を行っているからだ。これらの発振器は、17世紀に振り子時計の発明者であるクリスチャン・ホイヘンスによって発見された"エントレインメント（引き込み）"と呼ばれる現象に従って作用する。ホイヘンスは、複数の振り子時計が同じ室内に置かれ

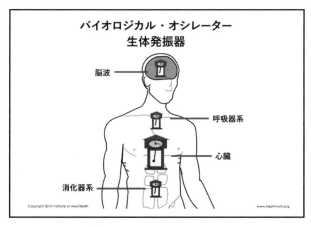

すべての"振り子"が心臓と同期していることに注意

ている時、最も大きな振幅でリズムを刻む最大の振り子が他の振り子のリズムを引き込み、同期させることに気づいた。振幅が小さい振り子はどれも、それより強い振れ幅を持つ振り子のリズムにエントレインメント（引き込み）されたのだ。[7] 体内では心臓が最も大きな触れ幅を持つ"振り子"なので、他の生体発振器を引き込むことができるのである。（前図参照）

結果として、コヒーランス状態の心臓は脳をコヒーランスに引き込むことができる。この心臓（ハート）／脳のコヒーランス状態は、恐れの状況を感知する役

扁桃体の理性のない反応を心臓が消してくれる

目を持つ「扁桃体」と呼ばれる脳の部分の反応を抑える作用がある。扁桃体には、恐れの経験の記憶を蓄積し、未来に起こり得る同じような出来事を素早く感知する働きがあるのだ。[8] 以下の図にあるように、子どもの時に犬に噛まれた人は、大人になっても犬を見ると恐ろしいと感じる。「犬がいる」という情報を受け取ると、扁桃体が過去の記憶に従って急激に反応を起こし、結果的に本来の思考力に基づく理性的な判断ができなくなってしまうのである。けれど、もしこの人がコヒーランスになる方法を知っていれば、この過剰反応を止めることができるだろう。[9]

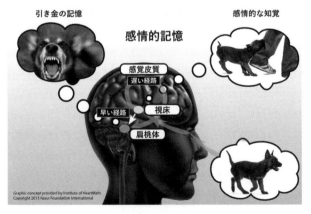

感情的記憶が扁桃体を引き起こす経路（274ページのカラー図参照）

コヒーランス状態の心臓が脳をコヒーランスに引き込むことで、より良い選択ができるようになることを知ったのは、私にとって革命的なことだった。私はこのことをじっくり考えてみた——誰かが私の感情を傷つけた記憶によって起きる扁桃体の理性を欠いた反応を、私の心臓が消してくれるのだ。私の心臓は最強の発振器だから、感謝の気持ちを持つことでコヒーランスになることができたなら、心臓が私の脳をコヒーランスに引き込んでくれることだろう。ハートと脳のコヒーランスは私の扁桃体の反応を抑え、ストレスの多い状況に見境なく反応する代わりに、賢明な反応を選択する自由を私に与えてくれるに違いない。

ハートマス研究所はコヒーランスの秘密——ハート（心臓）にポジティブな感情を生むこと——を発見し、それに基づく手法「クイック・コヒーランス・テクニック」を開発した。それは、ハート（心臓）に意識をフォーカスし、まるでハートで呼吸するように呼吸し、それからハートにポジティブな感情を生むというプロセスで成り立っている。（図参照）

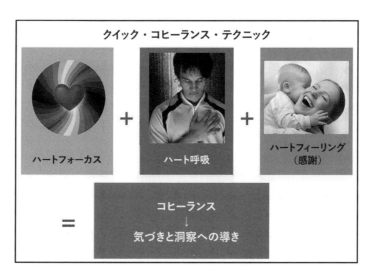

「クイック・コヒーランス・テクニック」はハートマス研究所の登録ツール
©2016 Rasur Foundation International & Rasur Japan

クイック・コヒーランスのステップをやってみると、私はすぐに気持ち良い穏やかな変化を身体中に感じた。私はこれまで「考え方を変えれば人生が変わる」をモットーに生きてきたが、いつも簡単に考えを変えられたわけではない。今新しく「気持ちを変えれば最高の判断力がもたらされ、人生を変えることができる」という、もっと効果的な方法の可能性が見えてきたのだ。ハートにポジティブな気持ちを生むことで私の脳が最大限に働き、明晰な思考ができるようになり、しかもより良い結果がもたらされるとは、何て素晴らしいことだろう！

　この発見の後、私はハートマス研究所のスキルをさらに探求し、やがてそのトレーニングプログラムを通してレジリエント（柔軟性）教育のインストラクターになった。彼らはこの本では紹介していない研究や様々な変革的ツールを提供している。コネクション・プラクティス・コースの卒業生たちには、ハートマス研究所のトレーニングを受けて、さらにコヒーランスのスキルを向上させることを勧めている。

コヒーランスはどう働くのか？

　コヒーランスの有効性は数々の研究によって確認されている。ある精神科医がフェニックス小学校で学習障害の子どもたちにコヒーランスを教え、何人かの学習に困難を抱える5年生と6年生の生徒たちが3週間の夏期講習クラスに入れられたが、彼らの学習向上率は驚くべきものだった。読書能力をアップするスキルはほとんど教えていなかったにも関わらず全ての生徒たちの成績が向上し、その読書能力の向上率は2ヶ月から3年分の進歩に匹敵するものだった。[10]

　他のいくつかの研究でも、コヒーランスを学んだ後の生徒たちの成績が向上することが確認されている。ミネソタ基礎標準試験に落第し、卒業にはそれにパスする必要がある高校生たちを対象にある研究が行われた。

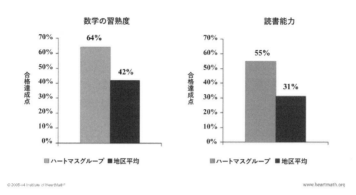

ミネソタ基礎標準テストの成績にコヒーランスが効果を示した。

　その学校区の生徒たちは全員、テストに合格できるように３週間の講習に参加したのだが、ハートマス研究所が指導したグループは、それに加えてコヒーランスのトレーニングと講習を受けた。グラフが示すように、コヒーランスを学んだグループの64％が数学のテストに合格したのに比べ、学校区の平均は42％だった。読書の項目では、ハートマスグループの55％がパスしたのに比べ、学校区の平均は31％だった。これらのふたつのグループの唯一の違いは、試験準備の間にコヒーランスを使ったかどうかだけだった。[11]
　以下の３つのハートマス研究所の成果が、全米の効果的予防プログラム制度 (NREPP)[b] において実証済みの研究として基準を満たしていることが認められている。

---

b. NREPP は、精神衛生と薬物乱用防止登録制度で、独立評価者による評価と格付けを受けている。

1. 米国教育省の資金による研究

　この 9 つの学校の研究でハートマスのプログラムを行い、ストレス軽減、試験の不安、感情的健全さ、人間関係、学力向上についての効果を調査した。

- 75％の生徒たちが、試験中の不安感が減少したことを経験した。
- 試験の成績が平均で 10 ～ 25 点向上した。
- 生徒たちの恐れやイライラした気持ちが減少し、軽率なミスが少なくなった。また、クラス活動への参加が増加し、感情的なつながりやユーモア、粘り強さ、共感的に聴く行動を示した。[12]

2. 幼児の研究

　ソルトレーク市学区の未就学児を対象とした「アーリー・ハートスマーツ・プログラム」の影響評価研究によって、関係性/感情、肉体、認知、言語の 4 つの分野における生徒たちの成長が測定された。ハートマスチームが関わったグループの子どもたちは、関わらなかったグループと比べ、4 つの分野全てにおいて統計的に著しい成長を示した。[13]

3. イギリスの ADHD 研究

　10 ～ 12 歳の多動性障害と診断された 38 人の生徒についての研究において、ハートマスのトレーニングが認知機能と衝動コントロールを著しく向上させた。これは CDR（認知薬物研究）システムによって独自に測定された結果である。[14]

　科学は、私たちがハート（心臓）と脳のコヒーランスを理解し真剣に取り組むのを助けてくれた。ハートと脳のコヒーランスを維持できるようになると、私たちの可能性は最大限に発揮されることが確認されている。コスタリカでは、コネクション・プラクティス・プログラムを教えている小学校の教師たちは試験の開始前、生徒たちを決まってコヒーランスに導いている。ヤヌアリオ・クエサダ・スクールの教師であるマリアはこう語った。

私のクラスではクイック・コヒーランス・テクニックが日常的に行われていて、私が忘れると生徒たちの方から求めてくるほどです。ある生徒にもたらされたこの効果を見た時は、本当に驚きました。彼は乱暴で、クラスメイトたちといつも問題を起こしていましたが、コヒーランス状態になると衝動性が劇的に減り、授業態度も良くなりました。彼の変わり様は驚くほどで、今では教室の前に出てこのテクニックをみんなに指導していいかと尋ねてくるほどです。

　年齢に関係なく、コヒーランスは能力を向上させる。ラスールのひとりで、法廷記者として働くためのライセンスを認可する厳格なカリフォルニア州認定速記記者（CSR）試験の候補生たちにコーチングをしているアナは、こんな話をしてくれた。

　　この試験は、学生たちにとって非常に緊張する経験です。私は候補生のひとりであるジェイミーに、試験の直前にコーチすることを申し出ました。彼女は以前試験に失敗していたので私のサポートを受けて安心し、私は試験当日に電話で彼女をコヒーランスに導きました。その後、ジェイミーは自分の身体と完全につながり、すっかり落ち着きを感じたと伝えてくれました。彼女は「私が感じた平和な感覚はとてもリアルで、試験の間ずっと続いていました」と言い、見事試験に合格しました。

　人が試験中に不安になると、その人の脳は脅威と感じること（受かるだろうか？　もし落ちたら？）に気をとられてしまい集中力を失うが、コヒーランス状態になるとこれが変化し、その人は扁桃体に脳をハイジャックされることなく、結果的に記憶力と創造性を存分に活用できるようになる。

コヒーランスを使ってハート（心臓）／脳・洞察を導く

　私の最初のハートマスセミナーから間もなく、私が創設した小学校のポーラ校長と私の間に白熱した議論が起こった。私は学校を拡張したかったのだが、ポーラは反対だったのだ。そこでふたりが落ち着くように、クイック・コヒーランス・テクニックを試そうと私が提案した。ソファに座って、私たちはステップに従った。ハートに手を置いてそこにフォーカスし、ハートを通して深くリズムカルに呼吸し、そしてハートを感謝の気持ちで満たした。

　数分後、学校の生徒数を拡大しポーラをサポートする方法について私はある洞察を得、彼女がそれに同意したので、私たちはすぐにその計画に着手した。私はコヒーランスに達し、洞察を手に入れた。この瞬間が、私の人生の進路を変えた。コヒーランスのおかげで、洞察が私の忠実な友となったのだ。

　その後、コヒーランスによって効率的に洞察に導かれる不思議を理解するのに役立つ、認知神経科学ジャーナルの記事を発見した。その研究論文『ポジティブな感情による脳の洞察促進メカニズム』には、人々は機嫌の良い時ほど洞察によって問題を解決しやすいことが示されていた。[15] その論文では、実験に参加した人々のポジティブな感情が洞察力を増大させたという結果が、異なる脳の活動パターンによって明確に示されていた。不安を感じていた人々は反対の結果を示し、洞察によって解決する問題がより少なかった。コヒーランスによって気持ちがポジティブな方向に導かれるので、それによって洞察がより円滑にもたらされるというのも理解できる。

　この科学的発見に基づきハート（心臓）と脳のリソース（資源）を合わせて問題を解決する時、それによって得られる答えを「ハート（心臓）／脳・洞察」と呼んでいる

　私たちの学校の子どもたちのひとり、6歳のガブリエルがクラスメイトたちを叩いたり、家でも兄弟姉妹たちを打つようになった時、ポーラは問題解決のために3つの絵を使うハートマスの手法を彼とやってみることにした。以下は彼の描いた絵を再現したものだ。

第2章 "ハート／脳のコヒーランス"が洞察を導く

ガブリエルは洞察を得ることで、問題を解決した。

　ポーラは、ガブリエルに自分自身の問題を絵に描いてもらうことから始めた。彼は、弟と妹を殴ろうしている自分が母親に引き止められている絵を描いた。その後ポーラは彼をコヒーランスに導いた。「あなたのハートにフォーカスし、まるでハートで呼吸するように息をして、それからあなたをハッピーにしてくれるものに感謝するのよ」。彼が目を開けると、彼女は彼のハートを満たしたものを描くように言った。ガブリエルは、ビーチでお気に入りの人形で遊んでいる自分と、その後ろにイルカたちが泳いでいる様子を描いた。
　その後ポーラはガブリエルに「私はあなたをもう一度コヒーランスに導きます。そしてあなたがビーチに戻ったら、あなたの問題についてあなたが何を知る必要があるのか尋ねてごらんなさい」と教えた。ガブリエルは静かに心の内に耳を傾け、やがて驚いて目を開けた。ポーラは彼が受け取った答えを絵に描くように言った。彼は、誰かがベッドに寝ている絵を描いた。意味を尋ねると、彼は叫んだ、「僕のハートは、僕がちゃんと眠っていないと言ったよ！　僕はゲームをやっていてすごく遅くなってから寝るんだけど、ママはそのことを知らない。朝ママが僕を起こす時僕の足をちょっと揺するんだけど、僕はそれがイヤで眠くてイライラして、一日中怒ってるんだ」

ガブリエルが自分から進んで早く寝るようになると、暴力行為が収まり、学習に集中できるようになった。やがて彼は自らコンピュータでニュースレターを書くようになり、彼が街角に立って自分の最初のニュースレターを売ろうとしている姿を両親が見た時、彼らはガブリエルが全く違う少年になったことに気づいた。
　この少年の叡智は、単純であると同時にとても意味深い。彼は睡眠を充分取ることを学んだが、彼のもっとも素晴らしい発見は、人生の課題を解決するための洞察を導く彼自身の能力だった。

内なるビジョンの技

　洞察は私たちの人生のあらゆる場面で役に立ち、人類を進歩させるような飛躍的な発見ももたらしてくれる。偉大な科学の発見の多くは直観と洞察によるものだ。フィジックス・インテューション・アプリケーションズ・コーポレーションは、こう説明する。

> 　ひらめきによる発見は、ある特異な問題を何とか解こうとする強い感情の集中と意思がある時に起こるようだ。感情と集中力の相乗効果が示す良い例の一つは、アルキメデスの逸話である。浴槽に浸かりながら、アルキメデスは突然、出て行った水の量から物体の体積を計測できるという重要な原則に気づいた。その時彼は、王様の出した問題に取り組んでいたのだ。支配者ヒエロン王は、彼の王冠を製作した金細工師に騙されているのではないかと疑っていた。アルキメデスの仕事は、王冠の目方からそれが純金でできているかどうか知るためにその体積を測ることだった。ローマの建築家ウィトロウィウスはアルキメデスの発見が見つかった瞬間を、こう記述している。

> 　浴槽に身を沈めた時、彼は浴槽から流れ出た水の量が湯船に沈んだ自分の身体の体積に等しいことに気づいた。こ

れこそが問題を解く鍵だったので、彼は大喜びで浴槽から跳び出て裸のまま家に向かい、探していたものが見つかったと大声で叫んだ。つまり彼は走りながら、ギリシャ語で叫んだのだ「ユーリカ、ユーリカ（見つかった）！」[16]

アルキメデスは風呂の気持ち良さでコヒーランス状態になり、それが彼のひらめきを誘ったのだろうか？

コヒーランスになって、抱えている問題について何を知る必要があるか自問することは、通常の知的機能（思考力）を捨て去るということではない。洞察は、それまで手に入らなかった情報を単純により多く提供してくれるのだ。私たちは自らが知覚したその情報を、自らの思考力で問題解決のために適用することができる。ガブリエルの場合、彼の洞察はそれまで隠れて見えていなかった"充分な睡眠が取れていない"という事実だった。彼の知性がそこから、寝る時間を早めるという気づきと行動を、彼の日常にもたらしたのだ。

アルバート・アインシュタインは、直観を"聖なる贈り物"と、合理性を"忠実な召使い"と呼んだ。[c][17] 私たちはコヒーランスの実践によって、私たちの精神が持つこの両面を自在に活用しているのだ。これは情報収集とその評価を行う上で、明瞭な思考と不明瞭な思考を区別しやすくしてくれる。全米優秀批判的思考法評議会（The National Council for Excellence in Critical Thinking）は、情報とは「信念と行動を導くために、観察、経験、反省、理論付け、交流…といった要素から収集され生み出されるものである」と述べている。[18] 洞察とは、まさにそのような思考のプロセスから導き出されてくるのではなかろうか。自らの内にいる深遠な思想家に出逢う方法を学ばなければ、私たちは外側にばかり意識を向け続け、人類の進歩を遅らせてしまうだろう。

ハートと脳の答えに耳を澄ますことを学び始めた頃、私は自分の直観をはっきり認識することができなかったが、ある重要な違いが少しずつ分かってきた。洞察には決して批判的な響きがないのだ。

---

c. 原文訳：「直観は聖なる贈り物だ。そして合理性は忠実な召使いだ。私たちは召使を敬う社会をつくり、贈り物を忘れてしまった。」

直観からの答には中立の響きがある。ガブリエルの洞察は「あなたはそんな悪い子どもではいけません」ではなく、「あなたは充分睡眠を取っていません」だったのだ。やってきた答に愛のある客観的な響きがなければ、それは間違った方向に行っているということだろう。
　また、洞察につながるとたいていはアルキメデスのように、喜びや驚き、畏敬、歓喜、深い満足感のようなポジティブな気持ちが湧いてくるものだが、日常的な問題解決においては、そのようにポジティブな感情が強く湧き上がってくることはなかなかないはずだ。
　問題に直面すると、私たちは一つの考えに集中しそれに執着しがちだが、洞察はより大きな全体像に私たちを導く。青空に飛んでいる1羽の鳥を見ていると想像してほしい。そのイメージの中であなたは鳥に焦点を合わせたけれど、空にはあまり注意を向けなかったのではないだろうか。それが問題を解決しニーズを満たそうとする時の私たちの自然な意識の働き方であり、どうしても一つの方法だけに焦点を合わせてしまいがちなのだ。私たちが自らコヒーランス状態になり、自分自身に「私は何を知る必要があるのだろう？」と問うことでより広い視野から物事を見るようにすれば、あらゆる可能性の"空"が見えてくるだろう。そうすれば、最も役に立つアイデアを心に尋ねることができる。
　私が心に洞察を聴いている時は、静かに話す人に耳を傾けている時と同じ状態になる。その人の声が聞こえるように、私の内なるすべてが静かになるのだ。私は集中し答を心待ちにするが、緊張はしていない。心の内に耳を澄ますことの恩恵は、言葉の方から私に向ってやって来てくれることだ。たいてはハッキリとした短い言葉だが、これは私のやり方で、心の内のささやきは誰にでも同じようにやって来るわけではない。
　ラスールのひとりであるドナが、どのように洞察がもたらされたかを語っている。

　　私の場合、メッセージは言葉ではなく絵で訪れます。あ

る日、教会に新しい人々を迎え入れるにあたって、私は何を知る必要があるのかと聞きました。やってきたビジョンは、鮮やかな色合いの森にいるカタツムリでした。このイメージをメンバーのひとりに話すまで、私にはこれがどんな意味を持つのか分かりませんでしたが、「初めて出席した時、私はカタツムリのようだった」と彼女が言ったのです。頭を突き出すだけで、あとは殻に隠れていたのだと。鮮やかな色合いの森は、私たちのスピリチュアルなコミュニティの魔法です。私たちは歓迎プログラムを作っていますが、この洞察は新しくやってくる人々の経験を私たちが感じ取る助けになるでしょう。

幅広い答え

洞察は、抱えている問題に対する微妙な気持ちの変化から人生についての明確な目的に至るまで、幅広い領域にわたって答をもたらしてくれる。そして、その答を行動に移しうまくいくと、私たちはそのインスピレーションの深遠なる泉に何度も戻りたいと思うようになる。

私がそのサイクルを経験したのは1999年のことだ。コスタリカでの仕事が予期せぬことで中止になり、私は大きな失望を味わっていた。テキサス州オースティンに戻り、借家人がひどく破損した実家を修理して新築同様に仕上げた私は、美しい何もない居間に静かに立った瞬間、以前より暮らしやすくなったオースティンにもう一度住もうと決心した。

コスタリカにいる夫に電話すると、彼は米国に戻ることに同意してくれた。その晩、このことについて洞察を聴いていなかったことを思い出した。私は目を閉じ、手を胸に当ててそこに気持ちを集中するようにした。やがて深い呼吸に入り、そしてハートを感謝で満たした。静かに心の内に耳を傾けると、言葉がはっきりと聴こえた。「今はコスタリカを離れる時ではない」。なぜ離れる時ではないのか

釈然としないまま洞察に従って計画を変えた私は、その後すぐにコスタリカでの自分の最も大事な仕事がまだ始まっていないことに気づいたのだ。私はこの経験を通して、衝動的な反応から道を誤ることがあるのを知った。時が経つにつれ洞察の恩恵を実感するようになり、それは重要な決断をする前は洞察に叡智を求めた方がいいことを私に教えてくれた。

洞察は時々夢の中にも現れる。私は偶然にも寝る前のコヒーランスが示唆に富む夢を見るチャンスを増やしてくれることを発見した。2001年、私は国連平和大学のプログラム担当官として何時間もの超過勤務をこなしていた。その時、元コスタリカ大統領で国連平和大学の創立者でもあるロドリゴ・カラソが大学に対して、「ラスール」という詩に基づくオリジナルミュージカルのスポンサーになって、ニューヨークの作曲家のカーメン・ムーアにその作曲を依頼してほしいと要請してきた。

国連平和大学はこの要請に応じ、そのミュージカルの制作を私に任命した。私がラスール・ファンデーションを創設していたことと、私の最初の著作『戻ってきたラスール』がその詩に触発されて書かれたものだったからだ。私はこの奇跡的なめぐり合わせにワクワクし、アンドレス・レストレポという青年をプロジェクトマネージャーとして雇った。まもなくコスタリカ文化省のダンスカンパニーと青年交響楽団の参加も決まり、私たちは公演用にコスタリカ最大の劇場を確保した。私はやる気に溢れていたが、他の仕事を抱えていた上にミュージカルの責任が重なってひどく疲れていた。

ある夜、私は早くベッドについた。そして眠りに落ちる前にコヒーランスをした。やがて極めて生々しい夢を見て、このような言葉が浮かんだ。「あなたはあまりにも多くのことをやろうとしています。ただラスールに気を配ればいいのです。そうすればすべてうまく行くでしょう。わかりましたか？」。目が覚めた時、私はラスールを生むために平和大学を辞め自分自身の仕事に集中していくことになると直観し、実際その通りに行動した。

その決断の結果、コネクション・プラクティスを生み出すことが

でき、2010年私はそれを国連平和大学の大学院生たちに単位取得学課として教え始めた。アムル・アブダラ副総長によると、コネクション・プラクティスはもっとも高い評価を受けた学課のひとつになっている。もし私が安定した元の仕事に固執していたら、この一連の出来事は起きなかったろう。

　今では問題を抱えている時は寝る前にコヒーランスし、どうしたらいいのか分かるような夢が見られるようにお願いすることにしている。答は夢になって来たり、目覚める時に非常にはっきりとした洞察としてやって来ることもある。就寝時にコヒーランス状態になり答を受け取ろうと心に念じることで、内面的な雑音が弱まり、朝までに洞察が現れるチャンスが増すのだ。

　洞察は夢の解釈にも役立つ。2012年までの私は目まぐるしく米国中を駆け巡る毎日を送っていて、ちょっとホームレスのような気分だった。友人宅に泊まっている間、私は自分がアパートを持つ夢を見た。目を覚ました時アパートを持つことは確信になっていたが、問題はそれがどこにあるかだった。コヒーランスしてみると、"私のアパート"は親切に迎え入れてくれる多くの人々の寝室でできていることに気づいた。私はすでに米国各地にたくさんの家を持っていたのだ！

　答は時々「待つこと」として来ることもある。その場合は時間の問題になる。また、全く何の答も与えられず、少し経ってからふと心に浮かぶこともある。あるいは、質問を意識して考えていないのに答がやって来ることもある。私は10歳のときに強力な洞察を得た——父が私にアドバイスを求めたのと同じ年だ。蒸し暑い7月4日の独立記念日で、私たちはスイカをお腹いっぱい食べた。姉と兄と私は農家の玄関先に座り、暗くなって花火が打ち上げられるのを待っていた。私はなぜか落ち着かなかった——私の内部で何かが燃えたぎっているのだが、それが何かわからなかった——それで田舎道に散歩に出た。

　歩いて行く間に太陽が沈みかけ、空が素晴らしい光の条と息を呑むような色合いでいっぱいになった。私はその美しさを前に、雷に

打たれたようになった。しばらくして深い平和な気持ちが訪れた。すると突然、胸の内側からささやくような声が聞こえ、驚いた。「あなたは平和のために働くようになるでしょう」。私はその言葉を決して忘れなかった——後から思うに、それはまだはっきりと言葉にしていない質問への答だったのだ——しかし、その時の私は受け取ったその言葉に対してどうすればいいのかわからなかった。より平和な世界を創るという考えは正しいように思えたが、政治や抗議運動や指導者を見つけることなどには興味がなかった。私はどうしたら最も良い生き方ができるかを学びたかっただけなのだ。何年か後になって、あの日私は夕日への感謝の気持ちによって自然にコヒーランスに導かれ、あの途方もないささやきを聞くことができたのだと気づいた。そしてそれと同時に、平和への私の取り組みはつながりを教えることなのだとも理解した。洞察を完全に理解するには、過去の出来事をふり返ってみることが必要な場合もあるのだ。

　また、全ての答が嬉しくなるものであるとも限らない。私は気に入らない答をいくつも受け取っている。ある時、ある男性とつき合ってみたいと思い、何を知る必要があるか尋ねると、残念なことにその答は「謎のままにしておきなさい」だった。しかし確かにそれは賢い答えだったと思う。つき合う前から答がわかってしまったらロマンス気分が削がれてしまうからだ。でも、私にはやっぱりがっかりだった。

　そのうち私は好奇心を持って忍耐強く問い続ければ最善の答がやって来ることを学んでいった。ひらめきはいつでも訪れてくれるわけではない。私がここで話している特筆すべき例は、何が可能かを示すためのものだ。私の場合、答はよく単に幸福な気持ちとか以前の気づきを強化するものとしてやってくる。

　時々、自分自身の最良の叡智につながる手法をまだ試していない人たちから、「あなたができるからといって、他の人たちも洞察を得られるとは思えない」と言われることがある。人々にコヒーランスを教え、心に聴くことを学ぶサポートを10年以上してきたが、うまくコヒーランスできなかった人たちはほんのわずかしかいな

かった。洞察になかなか行きつけない人たちはコヒーランスをただ練習すればいい。そうすればやがて思考力全体が向上してくるだろう。そのような恩恵を享受するために特別な洞察を得ようとする必要はないのだ。

　人間には間違いがつきものなので、洞察やそれに基づく行動についても間違うことがあり、見ているつもりで見落としていることもある。ある日私はちょっとした手術を受けるのを止めるようにという内なるメッセージを受けたので、その手術が本当に必要かどうかセカンドオピニオンを聞くことにした。2人目の医師は最初の医師の手術を受けるように勧めた。私は自分の洞察は緊張から来たものだろうと思い、手術を受けることにした。しかし私が手術で意識を失っている間、その医師は私にとって大変な負担になる決定をしていたのだ。私は自分の洞察が正しかったことに気づき、もっと真剣に受け止めていればよかったと後から悔やんだが、その時は自分の洞察に対して2人の医師たちの助言に逆らうほどの確信を持っていなかった。

　時には私たちは空想を洞察と取り違えたり、洞察を間違って解釈したり、完全に理解しないうちに洞察を行動に移してしまうことがある。今のところ、内なるビジョンのスキルはまだ科学ではない。けれどその知恵を引き出すことは、それをしないよりずっと私たちを進歩させてくれるはずだ。研究結果では、コヒーランスになって最適な答を求める時は必ずうまくいくことが示されている。このことから私たちは洞察を素直に尊重する気持ちになる——洞察は外観を超えて、私たちにより深い真理を見させてくれる——そして、恐れからの衝動的な決断を避ける手助けをしてくれるのだ。

　洞察を信頼するとポジティブな期待が高められる。私たちは絶え間なくメディアからの問題や暴力にさらされ、「暗い面」ばかりに意識が引き寄せられがちだ。人生を肯定するアイデアをすぐ見つけられる別の選択肢があることを知れば、悪循環に陥ることなく、ストレスの大きい刺激をもっと楽に処理できるだろう。

　このプロセスを信頼できるようになると、今に生きることがより

簡単になる。全てを事前に知っておく必要があるわけではないことが明確になるからだ。洞察は、ある特定の瞬間の状況に対して最善の答をもたらしてくれる。知性を働かせ、そこから導き出される新しいアイデアを実行に移せばいいのだ。それには練習が必要だが、新しい知恵を身につけるための練習は活気に満ちたプロセスとなるだろう。

不可欠な一時停止

　私たち人間は、往々にして考えずにすぐ反応しては後悔するという悪循環に陥りがちだ。反応をコントロールするために止まって10まで数えるといいと教わった人もいるかもしれない。確かに何もしないよりその方がましだが、コヒーランスはハート（心臓）のパワーを使って脳が反応状態から抜け出すので、そのような古いやり方よりも優れている。日常的にコヒーランスを練習していれば、「闘争か、逃走か」という判断を迫られた時でも適切に対処できるだろう。

　ラスールのひとりであるシャロンは、「コヒーランスするようになってから、私はストレスが大きい状況に対面したら反応する前に一呼吸置いて小休止するように心がけ、感情を一歩後退させることができるようになりました。これは練習すればするほど習慣化して自然にできるようになってきます」と説明している。

　心のポーズボタンを押して反応しようとする自分を一時停止すると、その間にネガティブな感情から抜け出し、別の選択肢を意識できるようになり、それによって私たちは自由を得ることができる。ある国連平和大学の生徒はそのことを、「コヒーランスのステップを終えた後は、ずっと前から抱えていた毒を吐き出したようでした」と表現した。"Man's Search for Meaning"（人間の意味の探求）の著者、ヴィクトール・フランクルは一時停止の意味をこのように要約している、「刺激と反応の間にスペースがある。このスペースの中に、反応を選ぶ私たちのパワーがある。その反応の中に、私たちの成長と自由があるのだ」[19]

ネガティブな出来事に苛まれている時でもすんなりコヒーランスできるように、感謝できる特定のイメージや記憶で日頃から練習しておくと、緊張状態で感謝すべきものを探す手間も省けて便利だ。私がコヒーランスを学び始めた時は、愛犬のシャンティを感謝の対象として何度も使った。私のハート（心臓）と脳はその経路を知るように

シャンティと私

なったので、一時停止して反応を止めるまでに必要な時間も短くなった。

　最初にコヒーランスのステップを学んだ時、私は２番目のステップのハート呼吸にあまり注意を置いていなかった。そのうちに、あたかもハート（心臓）で呼吸しているように、深く腹部で吸って引き上げながら吐く腹式呼吸のパワーに気づいた。このような一定の呼吸によって、即時にリラックスしてコヒーランスに向かい、"今ここ"にいる感覚がもたらされる。だから今は初心者たち全員に、２番目のステップを充分活用するよう勧めている。そうすることで、一時停止からよりスムーズにコヒーランスになれるからだ。

　私がコヒーランスを学んだ後、ハートマス研究所はコヒーランスの達成度を測定するエムウェーブ[d](emWave™)というソフトウェアを開発した。耳にセンサーをつけて、それをコンピュータにつなげるだけでスクリーンに心臓の心拍変動率が見られるようになっている。このソフトウェアはコヒーランスの状態を低・中・高の３段階で示し、コヒーランス時間のパーセンテージに基づいて最後に達成結果を提示する。また、コヒーランス状態に少しずつ長くいられるようになるゲームもついていて、洞察をもたらす重要なスキルを楽しく簡単に学べるようにできている。ちなみにハートマス研究所にはiPhoneでも使える「インナー・バランス」と呼ばれるソフトウェアもあり、コヒーランスのトレーニングがより身近になっている。

---

d. この製品の注文は222ページの「今日からつながり始めよう」を参照のこと。

一日の始めから終わりまで、ポジティブな感情を持てば持つほど多くのコヒーランスを経験することができ、レジリエンス（しなやかさ）が増していく。自然の中にいたり動物たちと一緒にいるとコヒーランスになる人たちもいれば、好きな音楽を聴いたり、インターネットで面白い動画を観ることでそうなる人たちもいる。日常の暮らしにポジティブな感情の刺激を増やすようにすることで、あまりポジティブとは言えない事柄からも自分自身を守ることができるようになる。

　休暇にキャンプに行ったことがあれば、自然の中にどっぷりと浸かって楽しい気分になった時のことを覚えているだろう。そんな時はいろんなひらめきが自然にやってきて、それを書き留めておきたいと思ったりしたかもしれない。そんな時はたぶんコヒーランスを体験していたのだ。充分リフレッシュした後は、休暇が終わっても気分よく日常生活に戻れるものだが、言ってみればそれがコヒーランスの後で自然にもたらされるレジリエンス（しなやかさ）なのである。

▍コヒーランスの二次的な恩恵

ミリー、私のコヒーランスの女王

　私は元ハートマス研究所主任で友人でもあるデービッド・マッカーサーから、ハートマスのさらに進んだトレーニングを受けた。ある朝トレーニングの時間になったが、愛犬シャンティが腎臓機能障害で死にかけていたので、私はそれをキャンセルしたかった。しかしデービッドはこの辛い時を乗り越える助けを申し出てくれた。彼は私が泣くのに任せたが、同時にシャンティに感謝する気持ちに立ち返らせてくれた。彼のコーチングのおかげで私の心は今もシャンティと深くつながっていて、私はまるでまだ彼女が生きているかのように感じている。彼女の死を否定しているわけではないが、彼女を思い出すと喜びだけが湧いてくる。誰かが亡くなっ

た時にはいつも私はこの方法を使っている。これはコヒーランスを学ぶ中で与えられる恩恵の一つだ。

　今は感謝の対象に、新しい犬のミリーを使っている。父が病院でひどい痛みに苦しんでいた時、私はその痛みを和らげる方法を見つけられなかった。彼を見舞って家に帰ると、私はソファに崩れ落ちた。私はすっかり疲れ切っていたので、自分をコヒーランスにしようとエムウェーブにつないでみた。案の定、エムウェーブは私が低コヒーランス状態にあることを示した。

　私がクイック・コヒーランス・テクニックの最初のステップをやろうとすると、ミリーがソファにいる私の横に飛び乗ってきた。ミリーを見るとすぐ、エムウェーブが高コヒーランスを示した。完全にポジティブで感謝しやすい一つの対象でくり返し練習したおかげだ——一つのものを感謝の対象として練習を重ねておくと、必要な時に簡単にコヒーランス状態を取り戻しやすくなる。

　ある対象物を選んで数分間感謝を感じていると、別の対象物に移りたくなるのは自然なことだ。それが起きると、私はミリーからこれまで愛した他の犬たちに移り、心にフォーカスするようにしている。感謝するものをいくつも用意しておくのは、ストレスに直面した時も心に平和をもたらしてくれるコヒーランスをより長く継続させる確実な方法だ。

　似たような方法を使っているラスールのひとり、マイケルはこんなふうに話してくれた。

　　僕は週に数回30分間泳ぐことにしているのですが、プールの往復を続けるのに大きな抵抗がありました。水に入った瞬間、早く終わらせたいと思ってしまうのです。それでクイック・コヒーランス・テクニックを泳いでいる間にやってみました。僕の簡単な感謝のフォーカスは輝く星々でいっぱいの夜空です。僕は背泳ぎと横泳ぎしかしないので、空にいるように感じるのは難しくありませんでした。すると熱帯のイメージが現れ始め、やがて僕の隣でイルカ

がニッコリ笑って泳いでいました。僕もニッコリ笑いました。いまでは泳ぐ時間が非常に早く過ぎるように感じています。

にっこりすることについてだが、なかなかコヒーランスになれずに苦労している人をエムウェーブでコーチする時は、その人に微笑んでもらうようにすると高いコヒーランスに移れることがよくある。どうやらそこには相互関係があるようだ——微笑むと、ハート（心臓）はコヒーランスに向かう傾向がある。そしてハート（心臓）がコヒーランスになれば、私たちは微笑む気分になる。

コヒーランスをマスターすると他の人に教えられるようになる。グロリアはALS（筋萎縮性側索硬化症）またはルー・ゲーリッグ病と診断された。神経麻痺と呼吸器系疾患の病気だ。当然のことだが、グロリアは窒息するのを恐れていた。グロリアの娘のジリアンは、そのことでグロリアとワークしてもらえないかと私に依頼してきた。私はグロリアにクイック・コヒーランス・テクニックを教え、フィードバックを得ることで早く学べるようエムウェーブを使った。ジリアンは、グロリアは人生の最後にコヒーランスによって大きな安らぎを得たはずだと語ってくれた。

このような恩恵の他にも、コヒーランスは血圧を上げる「ストレスホルモン」のコルチゾールを減少させる。コヒーランスの効果に関する研究によって、「コヒーランスにコルチゾールレベルの減少を含む著しい生理学的効果がある」ことが示されたのだが、それは同時に、血圧を下げることにもつながるのだ。[20]

コルチゾールの減少はストレスによる顔のシワも防ぐ。コルチゾールが新しいコラーゲンの生成を妨げるからだ。シワとはいったい何かと考えてみると——皮膚の真皮にあるコラーゲンとエラスチン繊維質の弱体化と減少のことだ——ストレスがどのようにシワの直接の原因になるのかが、よくわかるではないか。[21]

コヒーランスがどんなに良いとされることであっても、それはもちろん強制されるものではなく、「やるべきこと」などと思う必要

もない。けれど活用したいと思うようになると、自分の習慣がそれにふさわしいかどうかが気になってきたりもする。例えば、カフェインはコヒーランスに悪影響を及ぼすと知って、私はカフェインを摂らなくなった。一方で、懐かしいオールディーズでのダンスや、コスタリカのマンゴー畑でくつろぐこと、友人たちとの散歩などは、どれも私のコヒーランスを向上させる大切な要素とわかり意識してするようになった。

私たちのハートを見つける

　カナダのバンクーバーのある会議でワークショップを開いた時、ひとりのボランティアに頼んでエムウェーブソフトウェアのデモンストレーションを手伝ってもらった。ボランティアは、大きなスクリーンで自分の心拍を見せられるよう準備しておかなければならないのだが、よくあるのは、聴衆の前で緊張したボランティアがコヒーランスにならないことだ。

　この時のボランティアは100パーセントという高いコヒーランス率だったので、私は彼女にどうやったのか聞いてみた。彼女は「私は家族に虐待されていていつも危機的な状況だったので、独学でコヒーランスする方法を学び生き延びてきたのです」と答えた。

　彼女の例のようにコヒーランスは私たちを強くし深い自信を築くので、人生のあらゆる分野において能力が高まるのだ。それは私に力を与え、ストレスと恐れを、洞察と歓びをもたらす心からの感謝に置き換えた。神話学者で作家のジョセフ・キャンベルは、「心の中に歓びがある場所を見出しなさい。そうすればその歓びが苦しみを焼き尽くしてくれるでしょう」と言った。もしあなたがコヒーランスになって洞察を手に入れ、その歓びから生きることを学んだら、あなたの人生がどう変わるかを想像してみてほしい。

この章のまとめ

1．ポジティブな感情はコヒーランスを生み、より明晰な思考と洞察を導く。

2．コヒーランス状態のハート（心臓）は、脳をコヒーランスに引き込む。

3．コヒーランスによって、脳の記憶中枢である扁桃体の反応は減少する。

4．クイック・コヒーランス・テクニックは、「ハートフォーカス」「ハート呼吸」、感謝などのポジティブな感情でハートを満たす「ハートフィーリング」のステップである。

5．洞察は客観的であり、その後によく、歓び、驚き、畏れ、楽しさ、満足などの感情が続く。

6．洞察は、その時点で与えられた状況に対して最善の答をもたらしてくれる。

7．洞察はすぐ来ないこともあるし、聞きたくない答がもたらされることもある。

8．コヒーランスを引き出す宝庫をつくることができる。

第 3 章

感情とニーズに名をつけることが
共感をもたらす

異なるコミュニケーションの方法

　コヒーランスとそこから導かれる洞察は私には革命的なことだったが、まだ私個人の成長には決定的な何かが欠けていた。ネガティブな感情があると、私は必ずしもコヒーランスになりたいとか洞察を見つけたいという気持ちになれなかったからだ。聞いてもらいたいという強い欲求があると同時に、感情を抑えつけたり、耳触りの良い言葉で包んだりして後悔するような表現はしたくなかった。対立があると自分の感情をどう扱ったらいいのかと混乱し、私はしばし言葉を失った。もっと関係性・感情の知性 (SEI) に基づいた言葉の使い方をしたいと思っていたので、そのようなスキルを教えてくれる人を探し続けていた。

　それより前の 2001 年、勤め先の国連平和大学で届いたメールに目を通していると、あるメッセージが目にとまった。スーラ・ハートという非暴力コミュニケーションセンター (CNVC) の認定トレーナーがコスタリカに来るので、NVC に興味ある人がいれば会いたいというのだ。マーシャル・ローゼンバーグ博士が開発したこのメソッドについて私は聞いたことがあり、この「思いやりあるコミュ

ニケーションの言葉」について興味があった。私は数人の人たちと一緒にスーラと会うことにした。

　私は到着した彼女にまず大学構内を案内して歩いたのだが、彼女はとても気さくな人だったので、私はまもなく自分の仕事の限界について不満をもらし始めていた。スーラは耳を傾け、そして「あなたがもどかしく、がっかりしているのは、あなたがやり甲斐のあることに貢献し、同時にその仕事で気楽さも得たいと思っているからのようですね。それで合っていますか？」と尋ねた。

　「その通り！」と私は叫び、聞いてもらい、理解してもらったときに感じる「あ～」という深い安堵感を味わっていた。私が自分自身とつながるようにしてくれたスーラに感謝した。彼女は、人が感じ必要としていることを推測することで私たちが共感的につながれるのだと話し、その方法をNVCで学んだのだと言った。

　それは私にとってひらめきの瞬間だった——感情と普遍的なニーズが共感を導く。その重要さは知っていたが、どうすればいいのかわからなかったのだ。ほんの数分間のうちに、このシンプルな方法によって私の自己認識はさらに深まっていた。その後、私はスーラの講義を聴き、私が今「人間入門講座」と呼んでいることを学んだ。

- ネガティブな感情は、ニーズが満たされないという認識に起因する。
- ポジティブな感情は、ニーズが満たされたという認識に起因する。

　感情は単なる情報であり、良いも悪いもない。しかしニーズとの関係を理解する上では"ポジティブな"とか"ネガティブな"という表現が役立つ。ネガティブな感情はニーズに導いてくれる大切な指標だから、評価したり抑えたりする必要はない。ネガティブな感情に名前がつけられた時点で、私たちはもうそれを理解し、手放し、もっと明確に考えられる方向に向かっている。スーラが私のイライラやがっかりした気持ちを推測した時、それが私に起きたのだ。

　スーラは敬意を持って私の感情とニーズも推測してくれた。【貢献】【意味】そして【気楽さ】だ。これらは誰もが持っている普遍

的なニーズで、彼女は私が渇望していたことに焦点を当てたのだ。私のニーズに名前がつけられ明確になった瞬間、私はそれらをリソース（資源）のように感じ始めた。【貢献、意味、気安さ】をじっくり味わっていたら、それらを満たす方法についていくつかの新しい考えが浮かび上がってきた。

感情とニーズの言葉を学ぶ

　スーラと出会ってからまもなく、私はプエルトリコでマーシャル・ローゼンバーグとの9日間のNVCコースをとり、そこで人生観が変わる教えにどっぷり浸った。NVCは普遍的なニーズという人間誰もの共通する経験と共に、私たちの内面の瞬間瞬間の流れに気持ちを集中させる。これを基にして自分自身や相手と関わると、私たちは物事の核心に触れ、思いやりの気持ちを生み出すことができるのだ。その結果、対立は恐れの対象ではなく、創造的な解決への機会になる。

　NVCは本書で紹介するより遥かに多くのことを提供している。コネクション・プラクティスのコースではその豊富な内容を充分に説明しきれないので、卒業生たちはよくコネクション・プラクティスのコース終了後にNVCのコースにも参加している。またNVCのトレーナーたちもコネクション・プラクティスのコースを受けていて、このような友好的な協力関係によって、たくさんの人々が優れた社会情動的スキル（SES）を身につけている。NVCを使う利点をまとめた雑誌記事や論文のリストがCNVCのサイト（www.cnvc.org）にあるので、参考にしてほしい。

　非暴力コミュニケーションには、4つのステップがある。
　1　観察
　2　感情
　3　ニーズ
　4　リクエスト

> 普遍的な"ニーズ"はNVCモデルの核心だ

NVCの4つのステップはすべて大事だが、普遍的なニーズはNVCモデルの核心だ。したがってコネクション・プラクティスでは、感情とニーズが共感的な言葉の最重要点なので、それらに焦点を合わせている。以下はコネクション・プラクティスで使われる、感情とニーズのリストだ。

ニーズが満たされたときの感情

冒険的な	adventurous	希望に満ちた	hopeful
愛情あふれた	affectionate	触発された	inspired
生き生きした	alive	関心がある	interested
驚いた	amazed	興味をそそられる	intrigued
感謝している	appreciative	楽しい	joyful
落ち着いた	calm	陽気な	lively
集中した	centered	素晴らしい	marvelous
快い	comfortable	やる気のある	motivated
思いやりのある	compassionate	感動した	moved
自信がある	confident	楽観的な	optimistic
満足した	content	平和な	peaceful
好奇心のある	curious	遊びごごろのある	playful
喜んでいる	delighted	気に入って	pleased
切望している	eager	誇らしい	proud
勇気づけられる	encouraged	リラックスして	relaxed
エネルギッシュな	energetic	ホッとして	relieved
熱中した	enthusiastic	安全な	safe
興奮した	excited	満足して	satisfied
魅了された	fascinated	強い	strong
自由な	free	驚いて	surprised
満たされた	fulfilled	ありがたい	thankful
うれしい	glad	ワクワクして	thrilled
感謝している	grateful	感動して	touched
幸せな	happy	信頼して	trusting

ニーズが満たされないときの感情

恐れて	afraid	イライラした	irritated
怒った	angry	嫉妬深い	jealous
イライラと悩まされて	annoyed	怠けた	lazy
心配な	anxious	寂しい	lonely
恥じている	ashamed	途方にくれた	lost
戸惑	bewildered	みじめな	miserable
退屈な	bored	ふさぎこんだ	moody
じゃまされる	bothered	緊張した	nervous
懸念する	concerned	感覚を失った	numb
混乱する	confused	圧倒された	overwhelmed
落ち込む	depressed	悲観的な	pessimistic
絶望的な	desperate	後悔した	regretful
がっかりした	disappointed	気が進まない	reluctant
勇気をくじかれた	discouraged	憤慨した	resentful
むかついた	disgusted	悲しい	sad
困惑した	dismayed	怖い	scared
うろたえて	disoriented	ピリピリした	sensitive
気が動転して	distressed	ショックを受けた	shocked
疲れ切って	drained	内気な	shy
ばつの悪い	embarrassed	気分の悪い	sickened
ねたんで	envious	ストレスになる	stressed
憤慨して	exasperated	驚いた	surprised
へとへとで	exhausted	疑っている	suspicious
おびえている	fearful	緊張した	tense
うんざり	fed up	おびえた	terrified
不満な	frustrated	疲れた	tired
激怒した	furious	引き裂かれた	torn
不機嫌な	grumpy	不確かな	uncertain
後ろめたい	guilty	不快な	uncomfortable
ためらった	hesitant	不幸な	unhappy
希望のない	hopeless	不安な	unsafe
恐怖に怯えた	horrified	不満足な	unsatisfied
敵意のある	hostile	迷っている	unsure
傷ついた	hurt	動揺して	upset
短気な	impatient	傷つきやすい	vulnerable
不安定な	insecure		

ニーズと価値のリスト

受け入れること	acceptance	公正さ	fairness
達成	achievement	自由	freedom
認めること	acknowledgement	友情	friendship
冒険	adventure	楽しみ	fun
好意	affection	成長	growth
感謝	appreciation	調和	harmony
本物さ・真性	authenticity	健康	health
自主性	autonomy	助け	help
バランス	balance	正直さ	honesty
美	beauty	希望	hope
お祝い	celebration	ユーモア	humor
選択	choice	独立	independence
明晰さ	clarity	インスピレーション	inspiration
終わらせること	closure	誠実さ	integrity
心地よさ	comfort	親密さ	intimacy
コミュニケーション	communication	正義	justice
コミュニティ	community	知識	knowledge
思いやり	compassion	学び	learning
自信	confidence	気晴らし	leisure
つながり	connection	愛	love
配慮	consideration	意味	meaning
貢献	contribution	悼むこと	mourning
協力	cooperation	相互性	mutuality
創造性	creativity	お世話	nurturance
威厳	dignity	栄養	nutrition
気楽さ	ease	秩序	order
感情的安全性	emotional safety	参加	participation
共感	empathy	忍耐	patience
エンパワーメント	empowerment	平和	peace
平等	equality	身の安全	physical security
運動	exercise	遊び	play

世界での影響力	power in our world
存在感	presence
プライバシー	privacy
進展	progress
目的	purpose
確信	reassurance
娯楽	recreation
信頼性	reliability
尊敬・尊重	respect
休息、睡眠	rest, sleep
安全	safety
自己受容	self-acceptance
自己決定	self-determination
自尊心	self-esteem
自己表現	self-expression
性的表現	sexual expression
現実の共有	shared reality
ひとりでいること	solitude
余裕、空間	space
安定	stability
成功	success
サポート	support
属すること	to belong
聞いてもらうこと	to be heard
意図を理解してもらうこと	to have our intentions understood
大事にされること	to matter
あるがままを見てもらうこと	to be seen for who we are
信頼	trust
理解	understanding
心身の健やかさ	well-being

さらに深く見ていくと、私が自分のニーズを認識していない時、無意識にそれを満たそうとして手当たり次第に食べてしまう傾向があることに気づいた。自分のニーズを認識することは利己的になることや弱みを持つことだと思い込み、人はよく自分のニーズを否定することがある。しかしそうすると、皮肉、自己憐憫、回避といった無意識的、または間接的な方法でニーズを満たそうとして、自分自身や相手を傷つけてしまいがちになる。

　自分自身のニーズにつながることを学んでいなかったある牧師の場合などは、彼が自分のニーズを満たそうとして嘘までついたため教会全体に悪い影響が及んでしまった。もし彼が自分のニーズを認め、自分のニーズとつながることができていたら、このような悲劇は避けられただろう。これは人に奉仕する職業の人々には特に欠かせないスキルだが、そのスキルを教える環境はまだほとんど整っていない。

　私たちの多くは、感情やニーズを表現する語彙をほとんど持ち合わせていない。このことに気づいた私は、感情を表す語彙とニーズを表す語彙を印刷したカードをそれぞれ48枚ずつ作り、それらを使って共感を与える方法をあるチームにトレーニングした。

　そのチームのトレーナーたちは地元の催しに参加し、自分たちの出展スペースに置いたテーブルの上に計96枚のカードを感情とニーズに分けてズラリと並べ、興味を示した人々に対して以下のようなワークショップを行った。

1：参加者に、ネガティブな感情が刺激された最近の出来事を語ってもらい、その時の自分の感情を表す言葉を"感情カード"の中から何枚か選んでテーブルの中央に置いてもらう。
2：トレーナーがその人の心に起きていたことを推測してニーズカードを何枚か選び、参加者が選んだ感情カードの横に置く。
3：トレーナーが選んだニーズカードの中から、参加者自身に最も大切なニーズだと感じるカードを3枚選んでもらい、

トレーナーがその情報をもとに、以下のような"共感ステートメント"を伝え返す。「あなたのお母さんがあなたに、"マルコスとデートして欲しくない"と言った時、あなたが怒り、イライラしたのは、あなたには、尊重、理解、自由が必要だったからのようですが、それで合っていますか？」

　あるトレーナーのボーイフレンドは一日中このプロセスを見ていた。彼はこのワークに参加はしなかったものの、帰宅後、決まって長話を聞かされイライラさせられる従姉妹から電話があった時、いつもと違って彼女の話を"実際に起きたこと"に注意しながら聴き、彼女の感情とニーズを推測して伝えてみた。すると……なんと！それまではなかった内容に会話が展開し、彼女は新しい気づきを得、彼は彼女の話を我慢して聴く代わりに、彼女に共感し、つながる方法を学んだのだ。

　感情とニーズを推測するスキルを磨くと、プライベートだけでなく仕事面でも大いに役立つ。私は友人が２つの関連団体の間の10年間に及ぶ対立を解決する仕事を請け負った時、自分が彼女の立場だったらどうするかと訊ねられたので、"感情とニーズカード"を使ってそのCEOたちに自分たちの感情に名前を付けてもらい、その奥にある互いのニーズを推測し合うよう導いてみてはどうかと勧めた。私の助言通りに実行した彼女は非常にうまくいき、２人のCEOはそれぞれの経営陣にも同じエクササイズをさせることに決め、その後この２つの団体は対立問題が起きた時は"感情とニーズカード"を活用して解決していくことに合意した。

　親しい関係では、パートナーの感情とニーズを知ることがお互いのつながりを保つことになる。カップルのジムとアリスはそれまで互いに辛い破局の経験があったのだが、"感情とニーズカード"によってアリスが自分の、楽しみのニーズに気づくとその場で２人は笑い出し、その後彼らは互いのつながりを和気あいあいと楽しむようになり、今も一緒にいる。

　人々は普通、自分の感情とニーズを表現することができるとホッ

とする。そして、一つの状況にどれだけ多くのニーズが関わっているかや、ニーズを聞いてもらうだけですぐ自信が得られることを知ると驚いて、自分の期待に沿わない相手を責める代わりに、そのニーズを満たす責任を自分でとるようになるのだ。

フロリダのダイアモンド・コミュニティ学校の創始者、ドレサ・フィールズ博士は、自分の学校の教師と生徒たちが障害のある生徒たちと一緒にカードを使ったことに心を動かされた。

> 教師のグウェンデルは子どもたちにそのカードを紹介した時、これまで目撃したことのない「涙と解放」を経験し、男子と女子の両方によい影響があったと話してくれました。過去の感情や痛みと向き合った時、生徒たちは口々に「その時の気持ちについて聞いてくれた人は今まで誰もいなかった」と言ったのです。またカレンというもうひとりの教師は、"感情とニーズカード"は大好評で、生徒たちが毎朝、「今日カードをできますか？　話したいことがあるんです」と言ってくると話してくれました。

私たちは、まだ字が読めない子どもたちのために"キッズ・グロック・カード"[e]という絵のついた感情とニーズカードを使っているのだが、前述の教師のカレンは、自閉症の生徒たちやコミュニケーション能力に問題がある子どもたちにもそのカードを使っている。絵を見て自分たちの感情とニーズを表現する手段を見つけることができると、子どもたちはとても元気になるそうだ。

感情とニーズを表す語彙は、ニーズが満たされたポジティブな状況を祝うのにも使われる。あるコースで私が何かポジティブなことをシェアしてくれるボランティアを求めたところ、一番下の娘が結婚したばかりだというローリーという女性が進み出た。以下の会話から感情とニーズを推測する時、話し方を機械的にする必要はない

---

e. 感情／ニーズカードやグロックカードは224ページの「習慣を継続する」で注文購入できる。

ことに気づいてほしい。この新しい語彙を会話の中になじませる方法を少しずつ学んでいけば、自然に聞こえるようになる。

リタ・マリー：結婚式のことをちょっと話してください。あなたの心がいっぱいになったのはどんな時でしたか？

ローリー：すべてが素晴らしい結婚式でした。式はチューダー様式の家の庭で行われました。木々の下に椅子が並べられ、草は緑に輝いていて、小鳥たちがさえずっているその会場に各地から家族や友人たちがやってきました。2人がどれだけ愛し合い支え合っているかは誰の目にも明らかでした。2人は誓いの文章をを読み上げたのですが、私が忘れられないのは新郎のジョーが誓いの言葉を言った時のことです。彼は感情的なタイプではなく、私は彼が泣くのを一度も見たことがなかったのですが、モリーへの深い愛情を語ったその時は涙が頬を流れ落ちていたんです。

リタ・マリー：モリーが深く愛されていることや彼女が信頼できる人に支えられていることを知って、あなたはどれほど大きな喜びを感じたことでしょう。そうですね？

ローリー：はい。でもそれ以上かもしれません。さらに思い出されるのは、私たちの長女、ケイティが聖書の中のルツの言葉を歌にした「ルツの唄」を歌った時のことです。「あなたがどこに行こうと、私はついて行く。／あなたがどこで生きようと、私はあなたと共に生きる——」私の結婚式で幼なじみが歌ってくれた歌を2年前モリーがケイティの結婚式で歌い、そして今度はケイティがモリーの結婚式で歌ったのです。

その歌は誰でもついて行ける簡単なメロディーで、ケイティは一度自分で歌った後、会場のみんなに一緒に歌うよ

う誘いました。最初ギター伴奏だけで歌うケイティの美しい声を聞いた時には感動して涙があふれ、その後全員が加わって一緒に歌った時は、みんなの声が夏の午後に見事に溶け合いとても神秘的で、まるでみんなでモリーとジョーに共同礼拝をあげているようだったんです。

リタ・マリー：その歌によってはっきりと見えてきた世代を越えたつながりや一体になった感覚に気づいて、あなたは深い愛を感じたようですね。そうですか？

ローリー：ええ。実は結婚式を迎えるまでは、私には彼らが計画した式の内容が少し俗っぽく思えて、ちょっと悲しく感じていたんです。私の夫のトムは元神父で、私たちの結婚の基盤でもあった信仰はいつも人生の中心にあったので、私たち夫婦は娘たちを敬虔なカソリックの伝統の中で育てました。モリーの式はトムの古い友人である神父が式を引き受けてくれたので、伝統的な結婚式に従い聖書の朗読などはあったものの、ジョーは宗教的な人ではなくモリーもカトリックをもう信仰していなかったので賛美歌は歌われず、私は物足りなく感じていたんです。ですから、ケイティが全員で歌うように導いてくれた時、それこそが正しく、温かく、気持ちよく、素晴らしいことだと感じ、出席者全員で２人の新しい人生を承認し祝福できた気がしたのです。

リタ・マリー：あなたはその時、モリーとの違いを乗り越えられたと気づいて心から安心し、勇気づけられたのかしら……？

ローリー：そう、その通りです。トムと私と娘たちはいつもしっかりつながっていた４人組なんです。それはテキサ

スに親類がいなくていつも家族4人で支え合ってきたからかもしれませんが、理由が何であれ、私たちはいつでも親密でした。ですからみんなで「あなたの友は私の友となり／あなたの神は私の神となるでしょう」と歌った瞬間、私たちが時空を超えて結びついているかのように思えました。

リタ・マリー：あなたはモリーを失うことへの恐れがあったけれど、この歌があなたたちを永遠に結びつけるスピリチュアルな絆を明らかにしてくれたようですね。そしてその時あなたはこの素晴らしい出来事に畏敬を感じた——そんな感じかしら？

ローリー：（涙を流しながら）そうです、そうです。今、時を超えて気持ちが高まった時のことを思い出しています。33年前のトムとの私の結婚式が2年前のケイティとダンの結婚式と、そして今モリーとジョーの結婚式と重なり合っているようです。まるで時を超えているようでした。それは祝福されている瞬間でした。モリーは当然、今から自分の物語を生きていくわけですし、そうすべきですが、私たちはずっとこの永遠の愛の絆で結ばれているのです。

　この会話の後、ローリーはみんなで一緒に歌ったことに深く感動し喜びを感じた自覚はあったものの、この経験が自分にとってなぜこれほどまでに大切だったのかは共感してもらうまで充分理解していなかったと語り、「あなたは素晴らしい贈り物をくださったわ」と言ってくれた。
　感情とニーズの様々な言葉を新発見することによって、私たちは容易に難関を乗り超え、幸せな時間をより深く過ごせるようになる。感情とニーズのプロセスを行うために96枚のカードを並べるのは必ずしも便利とは言えないので、私たちはこの章にあるリスト

を使っている。このようなツールを使いながら練習を重ねていくうちに、感情とニーズの言葉が日常の人との触れ合いになじんでいき、私たちの会話を絶えず豊かにしてくれることだろう。

> 感情とニーズの様々な言葉を新発見することによって、
> 私たちは容易に難関を乗り越え、
> 幸福な時間をより深く過ごせるようになる

共感することで苦しむ必要はない

　共感とは、自分を相手の立場に置いて相手の経験を感じる能力とよく定義される。NVCはそのスキルを達成する助けとして、感情とニーズの言葉を開発した。私が初めてNVCを学んだ時、自分の中に生まれる新しいレベルのつながりに驚かされ、自分の感情と相手の感情に気持ちを集中させることに多くの時間を費やした。私の思いやりの気持ちは深くなったが、同時に新しいレベルの悲しみにも気づいた。

　やがて、感情に名前をつけることと、その感情と一体になることには、微妙な違いがあることに気づいた。私たち自身がその感情であるかのように、感情に深く自分を重ね合わせると、なくてもいい苦しみにはまってしまう危険がある。しかし、ニーズを特定し、それにつながるように進めば、通常はその危険を乗り越えることができる。

　マックス・プランク人間認知脳科学協会の社会神経科学の専門家であるタニア・シンガーは、共感と思いやりを含む人間の認知能力についての研究をしていて、瞑想と慈悲の達人である仏教僧たちを調査した。苦しんでる人々のビデオを僧たちに見せた時、彼らの脳機能に関するMRIの検査結果から、脳の領域の重要な働きは、思いやり、育み、ポジティブな社会的関わりといった事柄に対して高まることがわかった。瞑想を実践していない人々の場合、そのようなビデオは悲しみや痛みの不快な感情に関わる脳の領域を活性化さ

せる傾向が高かった。[22]

　この研究によって、自分や自分とつながりのある人々のネガティブな感情と深く一体になると悲しみがいつまでも残ってしまう理由が明らかになった。今では、自分の感情は感じつつも、自分自身が感情そのものになってしまうことのないようにする方法として、ネガティブな感情を感じている時は自分に「メールを受け取ったよ」と語りかけ、その感情に名前を付けた上で感じることで、"メールを開き"、同時に、その感情の奥にあるニーズにも名前を付けて深く味わうという手順を踏んでいる。

　また、相手がいる事柄の場合は、その人の感情とニーズも推測し、そのニーズを満たす方法を選択することで、"そのメールに返事をする"。こうすると、例えネガティブな感情が自分の中に流れ込んでも、また外に出すことができるのだ。この方法だと、「私がそのメールである」と思ってしまうことはなくなり、「私は感情を持っているが、感情が私を持っているわけではない」と自覚できる。

　私はこのようなやり方のおかげで、自分自身と相手に対して思いやりを持ちつつもネガティブな感情に捉われる心配がなくなった。

　このテクニックはまた、ニーズを満たす責任を相手に負わせない助けにもなっている。私が「メールを受け取ったよ」と自分に言う時、この感情を生んでいるのは私自身の思いなのだと気づかされるからだ。だから、私がニーズを満たそうとする時、もちろん人々は私のニーズを満たそうと貢献してくれるのだが、私のニーズに責任があるのは私以外に誰もいないことをいつも念頭に置いている。

　ある団体が私と口頭で交わした契約を破り、その後そのことでどちらの利益にもならない契約にサインして欲しいと言ってきた時、私はこのテクニックを練習する機会を得た。私は「メールを受け取った」と自分に言い、"メール"を開けて不満、疑い、警戒の感情を発見し、それらの奥に、信頼、正直さ、明晰さのニーズを見出した。またこの団体の感情とニーズも推測し、

> ネガティブな感情を経験している時は「メールを受け取ったよ」と自分に言う

彼らはきっとストレスや不安を抱えていて、明晰さ、理解、助け、安定を必要としているのだろうと想像した。

私はその後まもなく、彼らは組織内の大きな移動で忙しく、新しい契約どころではなかったはずだと気づき、ここまでに正式な契約を交わしていなかったことに対して感謝の想いが湧き上がった。当初の契約は彼らにとって荷が重かったのだろうと気づいた時、私は「メールに返事をする」方法がわかった。私は彼らの代表に連絡し、「あなた方にとって私たちのサポートは信頼に足るはずですが、互いの協力関係を発展させていく方法が明確になっていない今、このまま気持ちよく契約することはできません」と伝えた。

彼は「わかりました。1ヶ月後にお会いして、可能性を探ることはできませんか？」と言い、私は「ええ、できます」と答えた。自分の感情を、それと一体にならずにゆっくりと感じてニーズに気持ちを集中させると、責任能力とリソース（目的を達するために役立つ要素）と思いやりが増してニーズを満たすことができる。ラスールのひとり、モニークはそれをこう説明している。

> 私は非情さと強い意志が尊重されるような環境で生きてきたので、感情とニーズを表現することに大きな抵抗がありました。でも今、その抵抗感は「自分自身の感情とニーズをしっかり見なさい」という心からの呼びかけだったのだと気づいたのです。自分の感情を自分自身と一体化してしまうことなく感じ、その奥にあるニーズを表現することは、自分自身がより大きな平和に向かって歩むための道でした。

NVCでは、あらゆる人間は自分のニーズを満たそうとしているだけだと教えている。時々私たちはそれを悲劇的な方法でやって自分自身や相手を傷つけてしまうが、感情とニーズを進んで明らかにする気持ちがあれば、人生をより豊かにする道はもっと選びやすくなるはずなのだ。

共感の「あ〜そうか」

　共感はとても深い人間のニーズだが、私たちの多くはそれを自分自身や相手に与える方法を子どもの頃に学んでいない。スーラの共感をもらって私が感じた安心感は、人々が理解された時に感じる共通の反応だ。カリフォルニア大学ロサンゼルス校（UCLA）の「感情を言葉にする」の研究は、一度感情が明らかにされるとなぜ私たちが「あ〜そうか」と自分を解き放つことができるようになるのかを教えてくれる。実験では被験者たちの扁桃体が反応するきっかけとして、ネガティブな表情の人々の写真が使われた。研究者たちは彼らにネガティブな表情の人々の顔から見て取れる感情に、"怒っている""怖がっている"というふうに名前を付けるよう指示し、その時の扁桃体の反応を測定した結果、感情に名前を付けると写真に対する扁桃体の反応が減少することを発見した。[23] 感情に名前を付けた時に訪れる安堵感は、その現象によるものだろう。
　私たちは、そんな安堵感のきっかけとなる出来事に日々遭遇する。ある日私がコスタリカの銀行で順番待ちの列に並んでいた時、ひとりの窓口係員が客と対応する度に必死の形相でパソコン操作をしているのに気づいた。この係員の怒りが伝わってきて客たちが怖がっているように感じ、まず自分自身の感情とニーズをチェックしてみると、緊張し、感情の安定を必要としている自分に気がついた。彼の状況がわからないので、彼の満たされないニーズが何なのか見当がつかなかったが、とにかく共感を試みてみることにして、彼の窓口に行った私は穏やかな口調で、「怒っているのですか？」と言った。彼は驚いた様子で、しかめつらで鼻にシワを寄せ「いいえ」と言ったがすぐ満面の笑顔になり、その後はリラックスした様子で、私がさよならと言った時にはお互いに目を合わせて微笑んだ。扁桃体の反応を避け、あの"あ〜そうか"という感覚にたどり着けると、こんなふうに人生がより豊かになる。
　NVCでは感情とニーズはどちらも共感するために重要で、両方を把握する必要がある。「人の共感の神経基質：視点取得と認知的

評価の影響」という別の研究では、治療を受けている人の顔を被験者がビデオクリップで見ながら、その人の感情を想像するように指示された。彼らはまたこの人の治療が成功したかしなかったかを知らされた。この被験者の行動測定と脳の反応から、被験者が他者のニーズを理解しようとする時は、そのニーズに関連するその人の事情（背景）を知ることが共感的な反応に役立つことが示された。[24]

　背景についての情報が何もない状態で他人のニーズを推測するのは難しい。もし私がこの銀行員の怒りの背景を知っていたら彼のニーズを推測できたし、私たちのつながりももっと強まったことだろう。共感的なコミュニケーションをする上では、感情とニーズの両方に名前を付けることが大きな力となるのである。

　感情とニーズを特定することが共感への近道だと気づいた私は、常に練習する機会を探すようになった。ある日マイアミ空港に降り立った私が機内の通路側に出ようとすると、無理に前へ進もうとする若者に押しのけられた。彼はきっと次のフライトに遅れそうだったのだろうが、私はネガティブな感情を持った。それで、飛行機から降りるのを待っている間、自分自身に共感することにして、「私は尊重とコミュニケーションが大事なのでイライラした」と自分の感情とニーズに名前を付けてみたら、それだけで平和な気持ちを取り戻すことができた。

　私は長い税関の列で、この急いでいる若者の後ろに並ぶことになった。そこで私は彼に共感してみることにした。「あなたはどこかに急いで行く必要があってストレスを感じているのですか？」と私が尋ねると、彼は口をあんぐり開けてきまり悪そうに、「すみません。失礼なことをして」と言い、「妻が今にも出産しそうなので、早く家に帰ろうとする自分をコントロールできなくて」と続けたのだ。事情がわかると私は共感でいっぱいになった。研究が示した通りだ。私たちはつながり、会話を交わし、別れる時に彼は「あなたと出逢って、母のことをとても思い出しました」と言った。私はイライラしただけで終わらせなかっ

| 感情とニーズを特定することが共感への近道 |

たことをとても嬉しく思った。

あらゆる状況での共感

　自分の感情とニーズに名前を付け、相手の感情とニーズを推測するシンプルなこのスキルは、人生のあらゆる面で大きな変化をもたらす。私は母との会話の後で、このスキルに特に感謝した。私はコスタリカからよく、アルツハイマー病と診断されている彼女に電話していたのだが、ある日の電話で、彼女は私の姉のシャリーのことを心配して何度も同じ言葉を繰り返した。何としてもつながりたいという気持ちを感じて、私は彼女の感情とニーズに意識を集中した。「ママ、あなたが心配で動揺しているのは、シャリーの幸せがとても大事で、彼女にもっと助けがあればいいと思っているからなの？」
　「そうなの」と彼女は力強く答え、それからは他の話題に移ることができた。
　共感は怖くて気難しそうな人にも有効かと時々尋ねられる。それを試す機会がいくつかあった。つい最近、私の甥のベン・ホランドから、彼が教師をしている中学校の生徒たちに感情とニーズの授業をしてもらいたいと依頼された。彼は、この学校は非常に荒れた地域にあり、生徒たちの態度にびっくりするかもしれないと私に警告した。私は生徒たちと約40分間過ごすことになっていた。
　学校に着くと私は椅子を円く並べ、教室に入ってくる生徒たちを歓迎しながら一人ひとりに感情とニーズのリストを配った。生徒たちに接触しようと努力している私に反して、生徒たちは騒々しく、無礼で、絶えず邪魔し、笑い、お互いに小突き合っていた。これでは上手くいかないと、私はとても神経質になり不安を感じた。私は話し始め、彼らに尊敬のニーズについて尋ねた。彼らは関心がないように見え、このような質問は彼らには大人の命令としか聞こえないだろうことに気づいた。私の質問は実際、彼らに対する私の恐れ

と私に対する尊敬のニーズについてだったのだから、彼らがそういう態度になるのも当然のことだったのだ。

　そこで解り始めたのは、彼らの行動は互いにつながろうとする気持ちから来ているということだった。この子たちは、破壊された家庭、刑務所にいる親、気が滅入るような状況といったつながりのない世界に住んでいる。彼らの横柄な言い方やふざけたり押し合ったりするのは、すべてお互いにつながり、痛みを乗り超えるための手段だったのだ。私は思い切って言った。「あなたたちがおしゃべりして騒いでいるのは、お互いにつながることがあなたたちに大切だからなのではないかと思うのだけれど、それはあなたたちが自分の住んでいる世界にほとんどつながりを感じられないからなのかしら……？」

　生徒たちが頷き始めた。今度は私の推測が当たったようだ。それから私は自分の人生から「つながりがなくなった」時のことを話した。彼らにもわかるような辛い裏切られた経験について。私は生徒たちにリストを使って私の感情とニーズを推測するように言った。彼らがそれをしている間、生徒のひとりが黒板にその言葉を書いた。彼らは夢中になってきた。それから、感情とニーズを推測できるような状況をシェアしてくれる人はいないかと呼びかけた。

　ジャスティンがうつむいたまま手を上げたのが見えた。彼は怒りながら、「先週、父親が僕らを置いて出て行った」と言った。クラスメイトたち一人ひとりが彼の感情を推測し始めた。彼は傷つき、悲しく、寂しく、不安で、恐れていたのだろうか？　ジャスティンはただ自分の靴を見つめて聞いていた。それから彼らはニーズを取り上げた。彼は助け、理解、信頼、確信、コミュニケーション、つながり、愛を必要としたのだろうか？　私は彼らの作業が終わると、「ジャスティン、あなたのクラスメイトたちはあなたが経験していることを理解しているようね。だから、今はそれほど寂しくないかもしれないわね？」と言った。眼を半ば開いて彼は頷き、ぶっきらぼうに「うん」と言った。

　思いやりが感じられる沈黙の後、別の生徒が手を上げ、ある友人

を傷つける陰口のことに関する心の痛みについて話した。そしてまた別の生徒が口を開くと、それがまた次の生徒へとさらに続いた。クラスの最後に、生徒たちの間に大きな拍手が自然に湧き上がり、ひとりが叫んだ。「すごいね！」。それは私がしたのではなく、"聞いてもらえること"で彼らが心を開き、共感によるホッとした気持ちが思わず拍手になったのだ。生徒たちは自己肯定感に輝いていた。新しいスキルを身に付け、互いの幸せに貢献したのだ。

　公立学校の教室で感情とニーズを使うアイデアを私が持ち出すと、人々は身を縮めて、「子どもたちはそんなことはしないでしょう」とか「生徒たちは傷つきやすいので危険です」と言ったりするが、実際はその正反対で、心を開き、本物であることを心底願っている生徒たちの姿を私は繰り返し見てきている。私たちが私たち自身のもっとも基本的な側面——感情とニーズ——を否定し、若い人たちに自分自身を安全に表現する方法を教えないのはとても危険なことだ。

　ソローが指摘するように、鬱積した感情は静かな絶望感に苛まれた暮らしにつながり、時としてニーズを満たすための暴力に走らせる結果となる。よくあることだが、私たちは感情とニーズを隠し知らんぷりをして、この微妙な状況を「平和」と呼ぶ。私たちは今ネガティブな感情を抑え込む文化に慣れてしまっているが、それはネガティブな感情を安全に表現する方法を知らなかったからだ。でもいまそれはすでにあり、安全な気持ちでいられる教室を創れるかどうかは教育者たち次第なのだ。そこで生徒たちは弱みを表に出すと同時に、他者と自分との間に境界を保つ方法を学ぶこともできるようになる。

　多くの異なる状況で共感を与える能力が向上するにつれ、文章による共感も話し言葉の共感と同じような効果があることがわかってきた。ある牧師が信徒のひとりから、「あなたは教会の会計で不正を働いている」と非難するメールを受け取った。牧師は、何のことについて言っているのかとメールで聞き返した。彼女は「自分のしたことくらいわかっているでしょ！」という返事とともに、その教

会の会計報告書のコピーを送信してきた。私はアドバイスを求めてきた牧師に代わって、「あなたが動揺しているのは正直さが必要だからでしょうか」と彼女に返事した。彼女は「そうです。牧師がしたことは——（かくかくしかじか）」と書いてきた。その内容を読んだ牧師は誤解に気づいて事実を伝え、彼女は間違いを認めて、真実を他の信徒たちに知らせることを申し出た。

　共感は大切な人との関係をより親密にする。アンドレスは私にとって息子のような若者だが、オーストラリアに移住する決心をした。その後、彼はどんなにそこの学校に幻滅しているか、そしてどんなに彼の退屈な仕事がストレスになっているかについて書いてきた。彼は高尚な人生を求めていた。私は彼の感情とニーズを推測して返事を書いた。NVCでは、「必要とする（ニーズ）」の代わりに「大事にする、切望する、渇望する、求める」といった言葉を使うことがあるが、それは人々にとってその方が聞きやすいからだ。

　アンドレスががっかりしているのは、彼には意味、目的、そして理想に沿って生きることが大事だからだろうと私は推測した。私は彼の他の欲求不満にも同じように回答した。最近学んだNVCを私がメールの中で使っていたことに彼は全く気づかず、「あなたが大好きです。僕が働くようになって百万ドル稼いだら、全部あなたの仕事に寄付します」と返信してきた。それを当てにはしていないが、私にとって大切な発見になったのは、遠く離れて暮らす間柄でもつながりをより深めることができるということだった。

　人間関係では、相手のことがわかった気になった瞬間、関係性が失われ始める。共感は、思い込みと断定から、生き生きとした命に対する深い理解へと私たちを誘ってくれる。人々は持続的で意味のあるコミュニケーションの方法を教えられていないのだから、離婚率がこれほど高いのも当然だ。

> 共感は思い込みと断定から、
> 生き生きとした命に対する深い理解へと
> 私たちを誘ってくれる

　確かに私の家族にもそのようなスキルはなかった。私たち5人は仲が良く、互いをよく

知っていると思っていたが、深く話し合ったことはなく、表面的な会話以上になることもほとんどなかった。その結果、私がコスタリカに移ってからは姉のシャーリーとの関係はさらに希薄になり、電話しても話題に事欠くようになっていた。しかし私がコネクション・プラクティスを開発するとシャーリーは早速それを身に付けて熟練者となり、今の私たちの関係は以前よりはるかに生き生きとしている。それはまるで新しいドアが開き、慣れ合いの状態を越えて互いに新しく知り合うようなものだ。このことによって私たちはお互いがいかに違うかを思い知り、問題が起きた時の対処法などでは意見が対立する場面もある。シャーリーと私は、私たちが教えているコネクション・プラクティスを実践することで、そのような状況を乗り越えてきた。おかげで私たちはかつてないほど本物で豊かな姉妹関係を築いてこられたのだ。

　共感を与える方法を学んでも、アドバイスしたり、状況を矮小化したり、物事の良い面を指摘するといったこれまで慣れてきたやり方に戻ってしまう場合もあるだろう。そのような対応は善意からのもので適切な場合もあるが、共感ではない。そのような習慣的対応は、相手の経験を理解するというより、自分の解釈を伝えているのだ。共感するには練習が必要で、私たちがこの新しい言語を学ぶには常に忍耐と自己受容が必要になる。

共感と正直さ

> 共感はつながりの
> 素晴らしいツールであり
> 正直さは偉大な教師だ

　共感は、相手の行為の責任に目をつぶることではない。私たちは心から人とつながり、しかもその人の責任を問うことができるが、そこに必要なのが正直さだ。それによって共感とのバランスを保つことができる。共感が理解と許しを導くのに対して、正直さは新しい気づきを導く。このふたつはお互いに補完し合う関係にある。共感はつながりの素晴らしいツールであり、正直さは偉大な教師だ。

問題は、私たちの多くが、"正直であること"をためらうことだ。誰かと対立している時、その相手に共感することだけに重点を置き、自分自身の感情とニーズを正直に表さないでいると、波風を立たせずにすみ安全でいられる気になりがちだが、それでは相手がこちらを知り、学ぶという機会を失うという犠牲が生じる。なぜならそれは、本物のコミュニケーションではないからだ。

また一方で、本当であるということは判断や非難を表現する自由があることだと思っている人もいる。最近ある男性が私に、太った女性には「あとどのくらい体重を増やすつもりかい」と聞くのだと話した。それは「本当であり正直」な表現だと彼は言うが、そのようなやり方がうまく行くことはまずない。私たちが判断や評価を口にしないように気をつけているのも、それでは相手とのつながりが生まれないからだ。また同時に、"判断ではない正直さ"を表現する明確な方法がないと、私たちは正直な気持ちを飲み込み、自分自身と相手との間に距離を作ってしまうことがよくある。私たちが正直さを飲み込むと、それがやがて漏れ出していろいろな面でうまく行かなくなったり、ストレスで病気になったりする恐れもある。

NVCは、人が正直さを表現したいと思う時、より報われる対応方法を教えている。観察したこと、感じたこと、またどのニーズが満たされ、満たされていないかを言葉にして伝えることで、私たちは自らの考え方に責任を持つことになる。それによって、相手がそれをどのように見ているかを知り、互いの理解への道を見出す機会を得るのだ。

数年前私は病気になり、自分のどこが悪いのかを知ろうと4人の異なる医者にかかった。最後に正しい診断をもらったが、他の医者たちがそれを見逃したことにショックを受けた。後でわかったことだが、私の症状に対して最も当然とされる検査を勧めた医者はひとりもいず、私は健康と時間とお金を失ったことに動揺し、また同じことが他の患者たちにも起こるだろうと心配になった。

そこで、私の治療についての彼らの感情とニーズを推測し、それぞれの医者に手紙を書いた。その中で、私の手紙が恐れをもたらす

のではなく、可能な限りのつながりが得られるように慎重に言葉を選んで、私の観察、感情、ニーズを表現した。4人の医者のうちの2人から思いやりある返事が来たことはありがたかった。他の2人が返事をしなかったのは、彼らの責任問題について関係者からアドバイスを受けたからだろうと思っている。私はそれでよかった。私の心が平和になるようなやり方で共感し、正直であったからだ。

前述の状況で、私は人生の最も重要な学びの模範を示した。正直さを表したいと思う時は、最初に相手に共感を与えるのが賢明だ。

> 正直さを表したいと思うときは、最初に相手に共感を与えるのが賢明だ

共感によってつながりができると、正直さを聞いてもらえるチャンスが増す。それがあの医者たちと私の間に起きたことだ。正直さを表現する前に最初に共感を与えることで、無理なくより思いやりのある状態に移るからだ。

何年か前、アスペン・インスティチュートという米国のシンクタンクに関わるリーダーたちのグループ「中央アメリカ・リーダーシップ構想（イニシアチブ）」でワークショップを開いた時、私はその経験がどんなに重要かを学んだ。そのワークショップは、ラテンアメリカのハーバードとして知られるINCAEビジネススクールで行われた。紹介の後、U字型のテーブルに私を囲んで15人の強力なリーダーたちがラップトップを用意し、携帯電話を手に座っているのに気づいた。私が話し始めても仕事を続けていた人たちも、やがて感情とニーズのカードに興味を惹かれて集中したが、そうならなかった唯一の男性はとても忙しそうで、時間が経ってもほとんど関心を示さなかった。

その日の終わりに、その男性が私のところに来て、「大変ありがとうございました。あなたは今日私の人生を変えました。私は最後まであまり聞いていませんでしたが、あなたが共感を最初にして、正直さを次にすると話すのが聞こえました。私はそのことを理解していなかったものですから、人生を通して個人と仕事での人間関係を台無しにしてきました。今、何を変えるべきかがはっきりとわか

りました」と言ってきた。私は彼の突然のひらめきを聞いて嬉しかった。私は彼がグループから離れていることを観察していたのだが、正にその気づきこそが彼に必要なことのように思えた。

　先に共感を与え、その後で正直さを示すことは、それを心から偽りなくできる限りうまくいく。感情があまりにも興奮していて、相手のニーズに寄り添うことができない時は、一旦引き下がって自分自身に共感し、感情が落ち着いて本当に心の準備ができてからにした方がよい。正直さを表す時は、コミュニケーションと非難との間の刃の上を歩くようなものだ。使う言葉が共感的でも声の調子に非難の響きが入っていると、つながりを取り戻すのは難しい。

　非常に感情的な状況に入っていくことが分かっている場合は、前もって共感と正直さを書き出しておくことが役に立つ。この台本を持って行き、もし順調に進める助けになるのなら、それを読むのもよいだろう。私たちは誰でも判断や非難に陥りやすいので、この方法は後悔するような言葉を使ってしまうのを避けるのに役に立つ。

　私たちのコネクション・プラクティス・コースでは、参加者たちがペアになって、怖くて正直になれない状況でロールプレイのワークをする。共感と、"判断のない正直さ"の新しいスキルをもって、率直に話す勇気を見出す練習をする。私たちはこれを「思い切った正直さ」と呼んでいる。

　正直さは偉大な教師だと私は言った。友人が勇気をもって正直さを表すと、それがあなたの盲点を照らすことがある。たとえばある日NVCの友人が来て、私が話す時に使う言葉が多過ぎ、それを強調し過ぎると私に言った。これは事実で、そのような行動をどうしたら聞いてもらえるかという私の子ども時代の信念から来ていることに気づいた。彼がそれを私に気づかせてくれ、おかげでその信念を変えることができ、コミュニケーションがより効果的になったことに感謝している。きっと多くの人たちが私のそのことに気づいていたのだろうが、正直さの贈り物をくれたのは彼だけだった。

　コネクション・プラクティス・コースでは、健全な正直さの力学をまとめたお決まりの言い方がある。私が正直さを表す時は、私の

本物さのニーズ、相手の安全のニーズ、そして互いのつながりのニーズを等しく大切にする。それが山をも動かすような正直さとなるのだ。

　コネクション・プラクティス・コースでは共感と正直さ両方の表現方法を教えているが、入門コースで重点を置くのは共感で、正直さは次のコースで紹介する。共感を与えることを学ぶと、非難を含まない正直さを表す方法がはるかに簡単に学べるようになる。

健全な境界

　より共感的になるように学ぶことで、出会う人全てに共感しなければならないとか、起きている対立の全てに関わってつながりをもたらさなければならない、というわけではない。私たちはエネルギーをどこに投資すべきか見極める必要がある。また相手に心を開き、相手の行為に責任を負わせる時には、健全な境界が必要になる。ブレネ・ブラウンは『不完全という贈り物』の中でそれをこう伝えている。

> 自分自身と相手を受け入れることに上手になればなるほど、人はより思いやり深くなる。しかし、人々が自分を傷つけたり、利用したり、踏みにじったりしている時に、その人たちを受け入れるのは難しい。私がこの研究から学んだのは、もし自分が本当に思いやりを実践したいと思ったら、相手と自分との間に境界線を引き、相手の行為に責任を持たせることを始めなければならないということだ。[25]

　私たちが境界を定め、人々に責任を持たせるためには、充分に余裕を持って自分自身の内と外に起きていることにつながらなければ

ならない。自分自身と相手への共感がさらにうまくなると、コミュニケーションに余裕が生まれ、ニーズが満たされている場合と満たされていない場合を明確にし、相手と最後までやり通せるようになる。ここまで配慮すると、感情的な安全性がもたらされ、それによって私たちは弱みをさらけ出すと同時に正直さという勇気をもらえる。人生がそのようなレベルでどれほど豊かになるかをいったん知ると、それ以下のものはすべて色褪せて見えるようになる。不健全な関係は続かなくなり、健全な関係を自信をもって築けるようになる。

共感の教育

共感の教育が広まっている。カリフォルニア大学バークレー校に本部を置くグレーター・グッド・サイエンス・センターの記事はこう報じている。

> 共感を学校で教えることは新しい発想ではないが、いじめや若者の暴力が際立って起きていることを受けて、その実践が注目を浴びている。アショカ（Ashoka）は、"共感を生かす"コンテストで教育界のこの勢いに乗ろうと試みた。——この一般公募コンテストには、3カ月で600を超える応募があった。応募は中国の高等学校のアートプログラムから、米国の放課後のダンスとコミュニティ・スポーツ・プログラムにまで渡り、その全てが親切さと理解を育てるという目標を掲げていた。[26]

共感が注目を浴びるテーマになっているのは驚くことではない。なぜならそれが人につながりと自由をもたらすからだ。ネガティブな感情を何度も何度も繰り返すと、脳の神経経路は扁桃体という牢獄への高速道路になる。そこはよく、孤独感、怒り、落ち込みでいっぱいになっている場所だ。共感は私たちを牢獄の扉から外に出し、

生き返らせる。自分自身や相手を非難や拒否することなくつながろうと心に決めると、あらゆる進展が祝うべき理由になり、あらゆる失敗がさらなる学びのための単なる刺激剤になる。

　ヘンリー・デービッド・ソローは「一瞬でもお互いの目を通して見ることができれば、それに勝る奇跡が起き得るだろうか？」と言った。[27] 共感のスキルを身に付けることで、どれだけ豊かな人間関係が築けるか想像してみてほしい。

章のまとめ

1．感情とニーズを特定することが、共感をもたらす。

2．ネガティブな感情は、ニーズが満たされないという思いから来る。

3．貢献、意味、気安さといった、あらゆる人間が共有する普遍的なニーズがある。

4．ニーズを認識しないと、人々は皮肉、自己憐憫、回避といった無意識で間接的な方法によって、そのニーズを満たそうとする。

5．アドバイス、状況の矮小化、状況の良い面を指摘することは共感ではない。

6．共感は、相手の行為に対する責任を免除することではない。

7．最初に共感、次に正直さ。

第4章

共感＋洞察＝つながり

▎あっ、そうか！

　2002年6月、私がプエルトリコでマーシャル・ローゼンバーグが教えるNVCコースに参加していた時、とても重要なことが起きた。新しい語彙を使って文章にしようとすると、私にはNVC用語が話しにくいことに気づいたのだ。舌がもつれてしまい、正しく理解できていないのではないかと不安になった。私の思考が邪魔していることに気づいたので、言葉がスムーズに出るように、ハート／脳・コヒーランスをしてみた。

　コヒーランスをNVCと組み合わせることを数日間試した後、私はこのアイデアをマーシャルとそのグループに話すことにした。「初心者の私にとってNVCは複雑なところがあり、完璧にやろうとするとどうしても頭でっかちになってしまうので、頭から心に焦点を合わせるハートマス研究所のテクニックを実践してみたら、NVCが心から流れるようになったのです」と説明し、彼らをクイック・コヒーランスに導いた後、ガブリエルの話を使ってコヒーランスの大きな特典である洞察について説明した。するとその後、とても悲しそうに見えたひとりの女性が私のところに来て、「さっきあなた

がやったことは、私に思いも寄らない体験をもたらしたんですよ。あのおかげで私はかすかな望みを持つことができました」と言ってくれたのだ。

　その日帰宅した私はNVCで学んだ新しい知識ではちきれんばかりになりつつも、どうも何か見えてないものがある気がしてならなかったので、ソファに横たわって、学んできたこと一つひとつに思いを馳せてみた。何年もの間、私はコヒーランスによって「あっ、そうか！」という洞察を授かってきた。そして今は普遍的なニーズに名前を付けることで共感に導かれ、「あ〜そうか」と心の底から自分自身と相手につながることができるようになった。私はついに内と外の両方でつながることを学んだのだ。

　そう確認した瞬間、ふとある想いが脳裏をかすめ、心が跳びはねた。もし共感と洞察の両方をあらゆる問題に適用したら、その相乗効果は驚くほど強力になるのではないか。その協調から生まれる相乗効果は、一つひとつの総合より大きな力を持つはずだ。共感と洞察の強力な組み合せはきっと、NVCのコースで出会ったあの悲しげな女性のような人たちの助けになるに違いない。

　こうしてコネクション・プラクティスは生まれ、共感と洞察の結びつきは、私の人生の中心になった。次ページの図の「完全につながる」は、人生に何が起ころうと知的に対応できるようになるコネクション・プラクティスの相乗効果を示している。共感と洞察が一つになると、変革を起こすパワーが倍増するのだ。

> 共感と洞察が一緒になると
> 変革を起こすパワーが倍増する

完全につながる

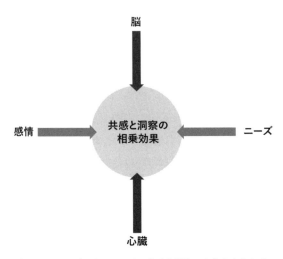

コネクション・プラクティスは、共感と洞察の方法を合体させ、
完全なつながりをもたらす手法である。
© 2016 Rasur Foundation International & Rasur Japan

やがてコネクション・プラクティスは、以下の3段階のプロセスに進化した。

1. つながりのプロセス：共感と洞察を一体にするステップで、日々の課題を解決し、人生を祝福する。
2. つながりの道[f]：相手との、または自分の内なる困難な対立を、共感と洞察のステップを1つずつ踏みながら経験することで解決するツール。
3. つながりの調停：共感と洞察を統合した、対立への介入。

---

f. NVCDanceFloors.com からアイデアを得ている。

コネクション・プロセス：毎日の向上

　共感と洞察を組み合わせるアイデアにたどり着いた私は、それをぜひ実際の生活に使ってみたいと思った。以下は、離婚したばかりで私のところに相談に来ていたメアリーと私がやってみたつながりのプロセスだ。

1．問題やお祝いしたい事を話す。
　　まずメアリーが自分の問題を説明した。「私はまた男性とデートするようになったのですが、相手に親密な行為を求められると、どうしたらいいかわからなくなってしまうんです」

2．感情に名前をつけ、それを感じる。
　　私はメアリーが彼女の感情を特定するのを手伝った——心配、怖い、混乱、弱気になる、恥ずかしい、後ろめたい

3．満たされた、または満たされないニーズを特定し、それにつながる。
　　それから２人で彼女のニーズを特定した——感情の安全、健康、明晰さ、つながり、性的表現、正直さ、誠実さ、自己受容、自己共感

4．状況に関わっている相手の感情を推測する。
　　もし彼女があらゆる親密な行為にノーと言ったら、デートの相手のジョンがどう感じるだろうと一緒に推測した——ばつが悪い、傷つきやすい、がっかりした、不満である、辛い

5．状況に関わっている相手の、満たされない、または満たされたニーズを推測する。
　　私たちはジョンのニーズを推測した——つながり、性的表現、感情的安定、明晰さ、コミュニケーション、受容

このステップを終えると、メアリーは驚いて言った、「ジョンのニーズが私のニーズとほとんど同じだと気づいた時、心を開く気持ちになったわ」

6. **クイック・コヒーランス・テクニックを使って"ハート／脳・洞察"をし、自分自身に何を知る必要があるかを問い、洞察を聴く。その洞察に従った行動を決める。**

　私はクイック・コヒーランス・テクニックの3つのステップをメアリーに説明し、彼女に何か簡単に感謝できるものを選ぶように言った。それから、「あなたが自分の心に耳を澄ましている間、私の声が邪魔にならないように、コヒーランスの3つ目のステップまで導いた後は何も言いません。コヒーランスで心が穏やかになったら、何を知る必要があるか自分自身に尋ね、洞察を聴いてください。何か洞察が訪れたら、終わったのが分かるように目を開けてください」と教えた。

　私の導きに従って、メアリーはハート（心臓）に手を置き意識をそこに集中し、深く一定のリズムで呼吸を続け、感謝の気持ちに入って行った。そして何を知る必要があるのか静かに自分自身に問いかけ、ハートからの答を聴いた。数分後、彼女

クイック・コヒーランス・テクニック

1. ハートフォーカス：
   意識をあなたの胸の中心、心臓のあたりに集中する。
2. ハート呼吸：
   深く自然に、まるであなたの心臓から呼吸をしているかのように感じる。
3. ハートフィーリング：
   意識をハートに向け、ハート呼吸を続けながら、ポジティブな感情をもたらす。

は目を開き、「ジョンと一緒に座って、この洞察を得るステップを二人でやっているビジョンが見えました」と言った。
「それであなたはどうしますか？」と私は尋ねた。
　メアリーは「ハートが教えてくれた答えはシンプルで実行可能です。お互いを知るこの新しい方法を、ジョンは喜んで一緒にやってくれるでしょう。今は穏やかな気持ちです」と言った。
　1時間もしないうちに、メアリーはジョンとのデートについて抱いていた混乱や不安を解消し、明晰な判断力を得て、必要としていた自信や気楽さを得ることができた。この経験によって、私は人とのワークでこの方法が効果的であることに気づいた。私は普段の自分自身の生活にこのステップを実践し始め、その後メアリーは熟練のラスールになった。
　コネクション・プラクティスの効用を充分に得るために、私たちは6つのステップに従って行うワークブック[g]を毎日使うよう勧めている。

　オースティンにあるテキサス大学心理学部教授のジェームス・ペンベイカーは"Writing to Heal（癒すために書く）"の著者だ。彼は最近の研究で、短時間に集中して書くことは、自分と相手の見解を柔軟に考え合わせることができる場合は特に、健康に良い影響があると伝えている。[28]
　彼は、文章で"気づく、理解する、〜になる"といった洞察に基づく言葉を使うと、より健康状態を改善しやすいとも言っている。[29]
　この研究から、共感と洞察を書き留めることには彼の報告以上にパワフルな効果があると推測できる。
　ワークブックにつながりのプロセスを書いたその日のうちに、何か別の課題がやってくる場合もあるだろう。プロセスは書かなくても使えるし、いつも全てのステップを繰り返す必要もない。その瞬間瞬間に、自己共感、相手への共感、コヒーランスを必要に応じて行えば、意識的な生き方の基礎として、この手法をあますところな

---

g. この商品は224ページの「習慣を継続する」で注文購入できる。

く活用できるようになるはずだ。コネクション・プラクティスを出発点として自分自身と調和する術を知るにつれ、自分なりのやり方がどんどん身に着いてきて、より深い満足感が得られるようになるだろう。

> 意識的な生き方の基礎として
> この手法をあますところなく
> 活用できるようになる

つながりの道：対立から平和へ

「つながりの道」は、共感と洞察の相乗効果を使ってあらゆる形の対立を解決し、深刻な問題を癒すパワーを持つ対立解決ツールだ。その道の各ステップは次ページの図のように並べられている。何らかの対立に困っている参加者は、コーチと一緒にこの道のステップを一つひとつ歩く。対立している相手は通常はその場にいないので、誰かがその人の代わりになるが、「つながりの道」はロールプレイではない。代役の人は黙ったまま、このプラクティスの目的のために対立相手に成り代わり、まなざしと心を傾けて役を演じる。この道を歩き終えた参加者は、実生活でも対立に対応する心構えができる。

第4章 共感＋洞察＝つながり

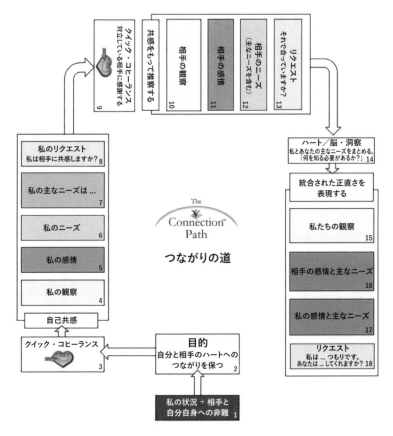

「つながりの道」は、
本人の内面での対立と、相手との対立とのどちらにも使えることができる。
© 2016 Rasur Foundation International & Rasur Japan

　上図の中央下にある「私の状況」と書かれた長方形から始める。それからは矢印にしたがう。

　このプラクティスで私が目の当たりにした最も劇的な変化の１つは、夫のジャックに憤慨していたジャネットとの経験だ。これを始める前、彼女が夫に夏の休暇に２人でヨーロッパに行く提案をした時、「正気かい？　とんでもないよ。僕らにはそんなお金はないだろ」と言われたと彼女は語った。

ジャネットはお金の心配はないとわかっていたので、ジャックの言うことが全く理解できなかった。彼女は「ジャックはもう私とは何もする気がないんだわ。私たちの結婚生活は退屈そのものよ。私は離婚を考えているの」と言った。

まず、自分自身に対する批判の気持ちを探ってみたジャネットは、「私はなぜ怒りを飲み込んで、自分の想いを彼に踏みつぶさせるようなことをしてしまうのだろう？ 私は自尊心が低いに違いない。一体何がいけないの？」という想いに至った。彼女はジャックに対しても批判があり、腹を立てていた。「私の夫はレンガの壁みたいだわ。彼のガンコさにはもううんざり！ 前向きなことは何一つ言ってくれない、本当にイヤな奴！」

そのような批判を変化させていくために、私は彼女をクイック・コヒーランス・テクニックに導いた。彼女は感謝の対象として、忘れられない日の出の思い出を使った。目を開けた彼女は両肩がリラックスしていた。

ジャネットに自己共感する準備ができ、休暇についてのジャックの言葉を思い出すと、怒り、悲しみ、うんざり、絶望という感情が明らかになった。そして私は、彼女が目に涙を浮かべながら、それらの感情の奥にあるコミュニケーション、尊敬、楽しみ、つながり、希望というニーズを特定するのを手伝い、「どのニーズが最も心に響きますか？」と尋ねた。

「つながり」と彼女が答えたので、私は彼女に人生でこのニーズが誰かと充分に満たされた時を思い出せるかと質問した。彼女は、ハネムーンの時のジャックとのつながりを思い出すことにした。

ジャネットの興奮が明らかに収まり心を開く用意ができたので、「ジャックに共感してもいいか」と尋ねると、「ええ、やってみるわ」という答が返ってきた。

「つながりの道」の次のステップは、対立している相手に何かを感謝して、もう一度クイック・コヒーランスをすることだ。ジャネットは「ジャックがいつも堅実な稼ぎ手だったことには感謝できるわ」と言った。

「いいわね」と私は答え、「ではコヒーランスに移りましょう。3つ目のステップになったら、ジャックの"経済的安定を創造する能力"に感謝することに気持ちを集中してください」。ジャネットは目を閉じて、ハートに深くつながった。このコヒーランスを終えると、彼女はジャックに共感する用意ができた。

彼女は、ジャックの代わりに立っている人を見ながら言った。「ジャック、この夏ヨーロッパに行こうと私が提案した時、あなたが、不安や心配、イライラを感じたのは、あなたには自主性、含まれること、配慮、安心が必要だからではないかと思います。それで合っているとしたら、あなたの主なニーズは安心ではないでしょうか？」

突然、ジャネットはビックリした顔をして言った、「なんてこと！ハネムーンの時、ジャックはヨーロッパは行ったことがあるからもう2度と行きたくないと言っていたのを今思い出したわ！ 何があったのか聞いていないけれど、何か怖いことや辛いことがあったのかもしれません。だから私がヨーロッパに行こうと提案した時、昔の感情がよみがえって来たのかもしれないわ。ジャックが本当に必要としているのは、安心かもしれません」

ジャネットは、「つながりの道」の各ステップを踏み、この問題から非難をなくして自分自身の最良の叡智を引き出せたおかげで、この出来事を思い出すことができたのだ。私は彼女に、もう一度共感を与えるように勧めた。

彼女は「ジャック、私がヨーロッパに行こうと提案した時、あなたは少し恐れを感じたのかもしれません。それはあなたが安心を必要としていたからかもしれないと思います。それで合っていますか？」。ジャックの代わりに立っていた人は「そうです」と頷いた。

ここで、「つながりの道」の3回目のコヒーランスであるハート/脳・洞察をする時になった。私はジャネットをコヒーランスに導いた。彼女は何を知る必要があるのかを自分自身に静かに尋ね、やがて目を開くと、そこには涙があふれていた。「ジャックの安心という満たされないニーズと、私のつながりという満たされないニーズが、私たちの結婚が危うくなっている理由であることにやっと気

づきました。私はどうしたら彼を安心させられるかわからないし、彼はどうしたら私がつながった気持ちになれるかわからないと思います」

ジャネットが一歩前に踏み出して、「統合された正直さ」を表現すると、彼女の目に新しい光が浮かんだ。「統合された正直さ」と名づけたのは、それが対立する両者のニーズだけでなく、問題に関わる全ての新たな洞察を考慮に入れるからだ。

ジャネットは彼女の夫役を演じている人に向かって静かに語りかけた。「ジャック、ヨーロッパの休暇について話した時、それがあなたの安心のニーズにそぐわなかったので、少し恐れを感じたようですね。私は、私たちの結婚でも、どうしたらあなたに安心と感じてもらえるのかわかりません」

「同時に、私は以前のようなつながりを切望しているので、あの会話の後はとても悲しく感じました。私は喜んであなたとの時間を作り、どうすれば2人が安心して一緒にいられるか話し合いたいです。あなたは、私たちがまたつながりを取り戻せるように、私との時間を作ってくれますか？」ジャックの代役は頷いて、ジャネットを固く抱きしめた。

ジャネットは「つながりの道」で発見した明晰さと癒しに驚き、すぐ家に帰って彼女の夫に共感してみる気持ちになった。

私は、この例のような数え切れないほど多くの「現状打破（ブレイクスルー）」を目撃する光栄に恵まれている。国連平和大学のある生徒は「つながりの道をたどると、私の対立の中で起きたことの背後にある状況をよく理解できる洞察が得られました。そのような洞察はとても貴重です。最初は全く持てなかった許そうという気持ちが自然と湧いてきました。このプラクティスをすると、憎しみから許しへの変容がとても自然にもたらされます」と言った。

つながりの道が3つに分かれているのを見ただけで、人はよく「あ、そうか！」と納得する。3つの道がつながり合って、1つに集約されていくからだ。

1．私がすべて（自己共感）
2．あなたがすべて（対立している相手への共感）
3．私たちがすべて（統合した正直さ）

　多くの人々はまだ、「私がすべて」の世界に生きている。それ以外の人々は、「相手がすべて」の考えで自己犠牲に傾いている。私たちの多くは、その2つを統合して「私」と「あなた」両方の視点とニーズを大切にする「私たちがすべて」という考え方にまだ馴染んでいないが、「つながりの道」を歩くと、それぞれのステップが判断や非難から自分自身を切り離す助けになり、相手と現実を共有する用意ができる。

　「つながりの道」を使って対立に対応する方法を学ぶと、それを使って内面的な対立を解決することも学ぶことができる。「批判的な親」とか「インナーチャイルド」といった心の中の争いを「つながりの道」に置いて、それらに平和をもたらすことができるのだ。

　私は自分自身の癒しのワークにこの方法を使った。「お前はこの家の悪い子だ」という私の中の批判的な親の内なる声を、その信念で傷ついた子どもとの対話の中に置いてみた。私の中の批判的な親の声が満たそうとしていたニーズ——明晰さ、安心、秩序、調和——につながり、私のインナーチャイルドのニーズ——受容、サポート、あるがままを見る——を発見した時、私は両方に共通するニーズとして思いやりを見出した。やってきた洞察は「あなたがこの家の悪い子だという声は、あなたと何も関係ありません——それはお母さんの痛みがあなたに伝えられただけで、お母さんに返すことができます」だった。そして私はそれを実行した——母はもう他界していたが、これは私の問題ではないと彼女に静かに告げ、彼女がもうその想いを癒すことができるように願った。

> 「つながりの道」を歩くと、それぞれのステップが、
> 　判断や非難から自分自身を切り離す助けになる

つながりの調停：介入が私たちを近づける

つながりの調停者は、このプロセスを使ったコーチングによって対立している両者の間につながりをもたらす。この調停プロセスを始める前に、参加者たちはコネクション・プラクティスの基礎を学んでいる必要がある。

- 調停者がふたりをクイック・コヒーランス・テクニックに導いて、その問題による感情の高ぶりを鎮める。
- 参加者Aが、起きたこと、感じたこと、満たされなかったニーズを話す。
- 参加者Bは参加者Aが聞いてもらえたと感じるまで、参加者Aが話した内容を繰り返して話す。
- 参加者Bが、起きたこと、感じたこと、満たされなかったニーズを話す。
- 参加者Aは参加者Bが聞いてもらえたと感じるまで、参加者Bが話した内容を繰り返して話す。
- 調停者が、両者が言った主なニーズをまとめる。
- 調停者が、参加者たちをコヒーランスに導く。
- 参加者たちが、それぞれ自分の心に洞察を聴き、その後その内容を話し、共有する。
- 参加者が、それぞれの相手に対して、その対立に最終的解決をもたらすようなリクエストをする。

ある日私が本部オフィスで仕事をしているとベランダで罵り合う女性たちの声が聞こえ、行ってみるとコネクション・プラクティスを学んだ友人同士の2人だった。、サリーがうっかりクリスティンの花瓶を割ってしまい、おまけに彼女の上に熱いコーヒーをこぼし、それをとりなそうとしてさらにクリスティンのつま先も踏んでしまったというのだ。この時点でクリスティンは「もういいから私から離れてよ！」と叫び、サリーが「私は悪くない。事故だったの

よ！」と叫び返したのだ。

　私は2人に、私が調停役をやってもいいかと質問した。2人とも同意してくれたので、両者の感情を鎮めるために長いコヒーランスに導いた。それから私たちは、それぞれが相手のニーズを聴き、その内容を繰り返すことで再びつながりを取り戻す調停のプロセスを始めた。コヒーランスに入ると、2人ともが起きた事件より友情が大事であることを示す洞察を得た。リクエストをする段階でサリーは、「あなたの花瓶を私に弁償させてもらえますか？」と尋ねた。

　「いいわ」とクリスティンが答え、「これから慌てた時はいったん止まって、コヒーランスをしてくれますか？ そうすればさらなる事故を防げると思います」と言った。

　「もちろんです」とサリーは答えた。2人はこの事件で友情を失うことがなかったことを感謝し合った。

　国連平和大学の生徒たちは、コース課程で様々な紛争解決と調停を経験する。彼らは「つながりの調停」を学ぶと、感情とニーズを特定し、それにコヒーランスと洞察を加えることによって、調停がどれだけ強力になるかに驚いている。このような形の調停によって、私たちは親密さを増しながら、対立をより頻繁に解決していくことができる。私たちのコスタリカの学校用プログラムでは、424人の生徒たちを各クラスの調停者としてトレーニングしてきた。私たちは世界中の子どもたちにこのスキルができるようになってほしいと思っている。

> このような形の調停によって、私たちはお互いの違いをより親密にさせる方法で、より頻繁に解決できる

コネクション・プラクティスでの前進

　この3つの手法を開発した後、私は2003年コスタリカでボランティアたちにコネクション・プラクティスのトレーニングを始めた。（コスタリカの学校用プログラムが「セル・パス（BePeace）」、

そして米国のプログラムが「コネクション・プラクティス」に落ち着くまで、名称をいくつか変えた。簡単にするため、その両方について言う場合は、コネクション・プラクティスを使うことにする。）
2004年には、ボランティアたちはサンホセの南にある町、デサムパラドス（スペイン語で「ホームレス」という意味）のエリアス・ヒメネス・カストロ学校で働いていた。この仕事を始めるのに、これより良い「家」を選ぶことはできなかっただろう。私達は充分なサポートを受け、プログラムを改良・拡大するために必要な経験を得ることができた。

2005年には私たちのプロジェクトが、アショカ・チェンジメーカーズ・イノベーション賞：「より倫理的な社会の構築」を32ヵ国79プロジェクトの中から選ばれて受賞した。今ではコスタリカのスタッフが45の学校で1500人以上の教師をトレーニングしている。4万人以上の生徒たちが学校の教師たちからこの手法を学び、私たちのスタッフは4千人以上の生徒たちに直接トレーニングをしてきた。

コスタリカで私たちのプログラムを進めるにあたり、ハートマス研究所の創始者であるドック・チルドリー、NVCの創始者であるマーシャル・ローゼンバーグ、また彼らのそれぞれの団体から支援を得たことに私はとても勇気づけられた。この2人の男性は、私が彼らの手法のエッセンスを組み合わせてコネクション・プラクティスにすることを認めてくれた心の広い天才たちだ。彼らが開発した手法を私が広める手法の中で活用できるという自由は、私がこれまでに受けたことのない最大の贈り物だった。

コネクション・プラクティスのより深い理解

コネクション・プラクティスを初めて教えた時、私は人々に次のステップに行く前にコヒーランス状態になるように指導していた。しかし経験を積むにつれ、最初に感情とニーズが確認されていない

とコヒーランスになろうという気持ちにはなかなかならないことに気づいた。ラスールのひとりで余暇にコーラスグループを指導しているリックは、これがどのようにうまくいくかを話してくれた。

　夏のコンサートに出演する準備をしていた時、ティムがとりわけイライラしているのに気づきました。彼は大学病院の医師で生徒の健康プログラムを担当していて、特にストレスを抱えた生徒たちのカウンセリングのことで、マネージャーからだいぶプレッシャーを受けていました。おまけに、過去に落書きで逮捕されたことがあった彼の息子がまた捕まったばかりでした。
　私は、彼にイライラして不安を感じているかと尋ね、日常生活にもう少し平和と気安さが必要だろうと推測しました。彼は「そうです」と言い、その顔に安堵が見えました。私が90秒で平和な気持ちになれる方法を教えてもいいかと尋ねると、彼は半信半疑ながらに同意しました。
　私はクイック・コヒーランス・テクニックを彼に教え始めました。ハートにフォーカスし、まるでハートからしているように呼吸し、それから息子に感謝した時のことを思い出し、その気持ちをしばらく感じてもらいました。20秒ほど経った後、ステージに進むように促されました――90秒で平和な気持ちになった彼は、驚いた表情で私を見て尋ねました、「どうやってやったんですか？」
　私は「私ではありませんよ、あなたがやったんです」と言いました。その後、ティムはハートマス・レジリエント・エデュケーターになり、大学でこのテクニックをストレス解消と自殺防止に使っています。

もしリックがティムの感情とニーズを最初の推測なしでコヒーランスに導いていたら、ステージ直前にティムが心を開いて何かやろうという気になったとは思えない。最初にコヒーランスになること

が有効な場合もあるが、普通はコヒーランスと洞察に到達するためには、共感が最も効果的にネガティブな感情をシフトさせる最初のステップになるのだ。

この数年間、共感と洞察を組み合わせたパワーについて、私は心のこもったフィードバックを受け取っている。NVCトレーナーのクリスティン・キングは、自分の熟練した共感に洞察を加えた経験をこう要約している。

> あなたと一緒にコネクション・プラクティスのプログラムで過ごした日々は、NVCとハートマスの合体を理解するのに役立ちました。ハートマスのプログラムについてはだいぶ前から知っていて、エムウェーブを使ってコヒーランス状態になることもしていましたが、私は洞察の部分についてはわかっていませんでした。このやり方を知るまでは、頭の中で何かを決めようとするとアレコレ考えてしまって最適な答えを出せないことがよくあったのですが、洞察を得られるようになって全く新しい世界が開かれました。NVCとハートマスの相乗効果に感謝しています。

共感と洞察は真のソウルメートのようなものだ。それらがお互いにもたらすバランスがないと私たちは本領を発揮できない。一方で、洞察で全ての答えが得られたと思って傲慢になる危険性がある。あなたは誰かに「私は直観力があるので、あなたがどうすべきか分かります」と言われたことはないだろうか？ あるいは、自分だけが特別な啓示を受けたと言わんばかりに、誰かが「わかった！」と言うのを聞いたことがあるかもしれない。このような傲慢さは、私たちの直感と、それがもたらす洞察に悪いイメージを与える。謙虚さを保つには、洞察だけでなく、共感が必要なのだ。

> 共感と洞察は互いのためにつくられた
> 真のソウルメートのようなものだ

一方、共感には、沈んだ気分を引き上げてくれる洞察が必要だ。私たちが自分自身や相手の苦しみにあまり自分を重ね過ぎると、共感から離れて同情にはまってしまうことがある。痛みのある問題から離れる道を思いやりをもって見出すために、私たちには洞察の客観性が必要だ。
　共感と洞察のパートナーシップは、どんな時も安定した精神状態でいられるような、落ち着きのある成長をもたらす。コネクション・プラクティスでは共感と洞察を意識して一緒に行うので、相手や自分への批判や他者への優越感を感じている時は共感を呼び起こして思いやりを取り戻せるし、ネガティブな感情や満たされないニーズに捉われている時は洞察を得て創造的な答えを見出し、自由になれるだろう。
　共感と洞察のチームワークが、人間関係の熟練度を大きく高めてくれるのだ。誰もが持ち合わせている普遍的なニーズによって、私たちはどんな相手とも共感を持ってつながることができるが、同時に人々の成長度は様々なので、人とどう関わるかを選ぶ必要もある。共感によって一方的な判断や批判から自由になり、洞察によって相手をありのままに見ることで、人と最善の方法で関わり合うために必要な"思いやりのある判断力"を持てるようになるのだ。

私たちの内なるバランス

　私たちがこの内なる共感と洞察のパートナーにつながり、合体させる方法を学ぶと精神的なバランスが自然に整っていくものだが、コネクション・プラクティスだけがこの内面的バランスにアクセスできる方法ではない。NVCやハートマスを使って、多くの人々がバランスを得ているが、私にとっては、その両方から得たスキルを合体させ、共感と洞察をセットで行うコネクション・プラクティスが役立っている。
　私がヒューストンで教えている時、この両方の合体によって精神

的なバランスを見出した人の、こんな事例があった。コネクション・プラクティスの5つのステップのデモンストレーションをする際、プロの調停者でNVCも教えている背の高い静かな男性であるリンがボランティアを買って出てくれたので、私が「あなたの問題を話してください」と伝えると、彼は前に進み出てこう語り出した。
「私が調停者だという理由で、私は誰からもいい人と思われています。でも、私は自分には批判ばかりしていて、他人には怒りでいっぱいです。誰もを喜ばそうとして、いい格好しているだけなんです。これまでずっとそうやって来たんですよ」
　私は、リンの苛立ちの背後にある感情とニーズを推測し始めた。
「リン、あなたは本物であることを心から願っているので、今話してくれたことがずっと続いているのを悲しいと感じているのですか？　それで合っていますか？」
「ええ。その通りです」と彼は答え、私は続けた。
「そして、あなたは自分自身や他者と本当のつながりを持ち、それを長続きさせたいと思っているので、寂しくてがっかりしているのかもしれません。それで合っていますか？」
「ええ」と彼は答えた。「最悪なのは、自分自身に厳し過ぎることです。主なニーズは自己受容という私の古い友ですが、その古い友は私が変わることに手を貸してくれません」
「リン、ここでいったん止めて、そのことについて洞察を求めてみましょうか？」
　彼が同意したので、私はリンをコヒーランスに導いた。数分後、彼の頬に一筋の涙が流れ落ち、そして目を開けてこう言った。「わかりました。自分を受け入れるという感じだったのが、初めて自分自身に感謝する気持ちに変わったようです。私のネガティブな考えは全て消えました。今後は自分への感謝が、私の内面的な人生をシフトさせる助けになるでしょう」
　この瞬間、私たちは深遠な愛の姿に惹き付けられ、部屋が沈黙で包まれた。その後リンはこんな感想文をくれた。「私はコネクション・プラクティスのシンプルな美しさに心を打たれました。そのおかげ

で私の使うNVCがより深くなっています。これは今まで経験したトレーニングの中でベストなものです」。自ら発見した内面的なバランスによって、リンはさらに素晴らしい調停者になっていると思う。

リンの自己の感謝への変化は、私の心にずっと残った。他者を愛するためには自分自身を愛さなければいけないと多くの人々は言う。しかしそれを実際にどうやったらいいのか、誰も私に教えてくれたことはない。心に自分自身への感謝の気持ちを持つことが自己愛への最短距離であることに気づいた私は、私たちのコースに自己への感謝を使ったコヒーランスを加えることにした。

変化を乗り切る

コネクション・プラクティスを教えていると、参加者たちの人間関係がすぐに変化することがよくある。何人かの公立学校の教師たちは、私たちの1週間コースが終わるまでに彼らの結婚生活が好転したと報告している。参加者のひとり、キャロルは夫と別居するところだった。彼女はプロセスを学んだ後、家に帰り、彼に共感してみた。2人はこの10年間で初めて心でつながることができ、結婚生活は今も続いている。その後キャロルは、私たちのコースの小グループ・ファシリテーターになった。

私たちはこのような成功例をうれしく思うが、コネクション・プラクティスはカップルが一緒にいるといった特定の結果を目的としているわけではない。むしろこれは私たちが変化を乗り切るためのツールなのだ。何年も前、私は不適切な行為をした従業員のジェームズと私との間の調停に参加した。私はジェームズとつながっていたいと思ったが、従業員として彼と続ける気持ちはなかった。やがて明らかになったのは、調停者が結果にこだわっていたことだ。彼はジェームズを従業員として続けさせたいと思っていた。この態度が邪魔して、調停は私たちのつながりが深まるどころか、かえって

さらに気持ちが離れる結果になってしまった。その後調停者が彼の過ちに気づき謝った。この経験は、物事をどうすべきかについてひとつの考えに固執してはいけないことと、共感と洞察を変化のツールにすることを私に教えてくれた。

　私たちはその概念をコースの中で伝えているが、国連平和大学のある韓国人の生徒はこう語っている。

> 　この5日間でのコネクション・プラクティスの経験から、私のコア・ニーズは父とのこじれた関係から来ていることに気づきました。私は今、彼との対立を解決したいと心から願っています。状況を良くしようとこれまで何度もやって失敗しているので、また失敗するのではないかという恐れがあり、長い間彼を避けてきましたが、今度こそは父に共感してみようと思います。うまく行こうと失敗しようと、もう恐れません。つながりが第1で結果は二の次だからです。

　時々、対立している両者がコネクション・プラクティスを知らないとうまく行かないのではないかと疑問に思う人たちがいる。知っていれば役に立つが、私がこれまで報告した多くの事例で明らかなように、どうしても必要というわけではない。対立がある時は、ひとりの人間の内面にある共感と洞察の強力な相互関係を作用させることが変化を生む。そして、それだけで充分な場合がよくあるのだ。

　コネクション・プラクティスを初めて経験すると、それがあまりにも効果的で強力な成長をもたらすので、気持ちの高ぶりを感じる人も多いだろう。このやり方が円熟してくると、正しくないと心が感じること全てに感覚がより鋭敏になってくる。自分自身とつながっていないことから来る麻痺感覚と痛みに耐えられなくなる。そして人生がうまく行っていない時は、暮らしのペースを落とすことで起きていることに注意を向け、日々の機能していない生活パターンを見直すことができるのだ。

満たされないコア・ニーズのトラウマを癒す

　日々の機能しないパターンは、ニーズが満たされなかったという想いや、それが満たされることは決してないという信念にまでなったトラウマ的経験からもたらされることがよくある。このような信念に駆られると、人生の多くの状況で、このコア・ニーズは満たされないと思い込み続けてしまったり、そのニーズを満たすのは自分や他者たちにとって痛みを伴うような方法しかないと信じてしまうことがある。しかし私たちはコネクション・プラクティスのおかげで、心の奥深くに押し込めていた傷を明らかにし癒すことで、虜になっている過去の記憶から自由になれるのだ。

　20年ほど前、私の行動のあるパターンが明らかになった。何かを終わらせようと急いでいるととても緊張するのを感じていたのだが、これが私の習慣になっていることに突然気づいたのだ。私は締め切り日までずっと、まるで巨大な手が容赦なく私の背中を押しているように感じ続けてしまうと夫に伝えた。

　やるべき事があるのに時間が足りないように思える時は、誰でもストレスを抱えることになる。しかし私の反応は通常の範囲を大きく超えていて、周りの人たちにも良くない影響を与えていた。思い返せば、最初の職場のマネージャーにも「リラックしたら？　こちらが緊張してしまうよ」と言われていたし、他にも似たようなことが繰り返されていて、このことは私の盲点だったのだ。

　1年後、カンザス・シティーを訪れた私は母とレストランで昼食をとっていた。ふと思いついて、「お母さん、私が生まれた時、何かあった？」と尋ねてみた。

　彼女は「あなたを取り上げた医者は牧師もしていたの。陣痛が始まった時、彼は教会の行事に行く予定があってとても急いでいて、出産を早めるために、あなたを押して押して押しまくったの。あまりに強く押したので、私のお腹が青黒くなってしまったくらいよ」と言った。

　その言葉を聞くと、痛みを伴うすすり泣きが私のお腹の底から湧

き上がって来た。この話をしたことで母を嫌な気持ちにさせたくなかったので、私はその場を退席し、トイレで思い切り泣いた。やっと背中の巨大な手がどこから来たのか理解した。その経験が人生の根幹に関わる信念を創り上げていたのだ。「私が生き残るためには、急いであらゆることを終わらせなければならない。それが生命（いのち）が私に要求していることだ」

　私の出産時に起きたことを知ったのは役に立ったが、残りの人生でそれを繰り返すことから私を解放したのはコネクション・プラクティスだった。出産時にプログラムされ、同時に決して満たされることはないと感じていたコア・ニーズは、効率だった。そのことについて洞察を求めると、この言葉が聞こえた。「自由にあるがままでいなさい」

　私はその洞察に従って行動する方法を考えた。私はその時ちょうどハートマス研究所で3日間の資格認定セミナーに参加することになっていて、このセミナーをうまくやり、すべて時間通りにこなしたいと自分が思うであろうことは分かっていた――例によって私の反応を引き起こすようなプレッシャーだ。しかし新しい洞察を得たことで、自分が自由にあるがままであることを自覚した上で全査定を進むことが目標になった。もしいつもと同じ反応が起こったら、私は静かに不安とストレスの感情を特定し、効率のコア・ニーズを特定し、コヒーランスになってハートを自己感謝で満たし、あるがままになろうと計画した。必要な洞察を既に受け取っていたので、洞察にアクセスする必要はなかった。私はただ、これまでのパターンを破りたかっただけなのだ。

　うまくいった！　私のプレゼンテーションの後、インストラクターが「リタ・マリーさん、すごい存在感ですね」と言った。その言葉で心がウキウキした。もし私が過去のようにイライラしていたら、パワフルな存在感などなかったであろうことは明白だった。今、あの古い反応を引き起こすものはほとんど消えたので、あるがままでいる余裕がさらに自分自身にできた。しかし、たとえ反応が引き起こされても、ハートマス研究所での「あるがまま」の自分を見せ

る記憶を呼び戻せば、私にはまた新しい力が生まれる。

　コア・ニーズは人間関係を妨害することもある。特に２人の反応が同時に引き起こされる場合だ。ある夜にこれが私に起きた。その時、私は長年の友人でラスールでもあるジェーンと一緒にある会に出席していた。会が終わった後、私はそこの固定電話にかかってきた電話に出た。電話で話していると、ジェーンが手を大きく振って跳びはね始め、すぐにそこを出たいと顔をしかめて私に合図を送った。私はこれにひどく反応した。それは、用意ができていないのに何かをすることを急かされるという私の誕生経験に似ていたのだ。私は腹が立ったが後で後悔するようなことは言いたくなかったので、黙って一緒にそこを離れた。

　後で私はじっくり座ってこの状況についてつながりのプロセスのワークシートを書いてみた。私は自分の過去のことが原因で反応したと分かっていたが、ジェーンも興奮しているようだった。別の時にも、彼女との間に同じような場面があったことを思い出した。彼女の感情とニーズを推測して、このような状況が"大切にされる"という彼女のニーズを引き起こしていたのだろうかと思った。共感に続いてもたらされた洞察は、「ジェーンに尋ねなさい。それで自由になれる」だった。

　次にジェーンと一緒になった時、私はこの問題を持ち出して、彼女がその場から出たいのに誰かとそこに居なくてはならない時、"大切にされること"が彼女にとってとても重要なのだろうかと推測した。彼女はこの行動パターンを認めたので、私たちはそれを探求し始めた。彼女の誕生時、彼女の母は彼女の父親に出産に立ち会ってもらいたいと思ったので、ジェーンが子宮から出てくるのを止めていたことを彼女は知っていた。ジェーンは生まれる準備がすべてできていたが、長い間無理に待たされていたのだ。

　突然ジェーンは彼女の誕生と、彼女が出たいと思う時の不安感との間のつながりが見えた。生まれてからずっと、彼女の両親が互いを大切に思っているように、彼女も彼らにとって大切に思われたいと深く望んでいたのだ。ジェーンが彼女の反応の原因を突き止める

と、私の彼女の過去の行為への不満はなくなり、思いやりになった。

　私たちはこの新しい気づきに圧倒された。2人とも自分たちの誕生経験によって反応を引き起こされていたのだ——彼女が腕を振って「ここから出して！」と言うのも、私が「ここから押し出さないで！」と言うのもそうだ。コヒーランスによって、さらにそれらの古い非理性的な反応を克服できることを私たちは知っていた。私たちはつながることを通してお互いへの思いやりを見出し、私たち自身を自由にした。

　満たされないコア・ニーズを知るきっかけは出生時の体験だけに限られない。それらはどのようなトラウマからも明らかになる。私たちの卒業生のひとりはこう語っている。

> 　私の母は、決して解決することのなかったあるトラウマからのコア・ニーズを持っていました。彼女が死を迎える時、コネクション・プラクティスのおかげで、その特に繊細な問題に関わる彼女の感情とニーズを推測することで、彼女に共感することができました。その出来事で傷ついていた彼女の中の少女に私は手を差し伸べ、彼女が生涯必要としていた共感と愛を与えました。私の母とこれを共有したことは、私の人生で間違いなく最も大切な瞬間でした。その間ずっと母に寄り添う方法を知っていた幸運に私は感謝し続けるでしょう。

　親の養育から受けるトラウマはコア・ニーズ形成の重要な部分だ。私たちの卒業生のひとり、キャットはそのニーズをどのように変換できるか語っている。

> 「絶えず顔を出す厄介で辛い記憶にぶつかると、私はコネクション・プラクティスを使っています。そこで"過去に戻り"、それが起きた時に感じたことを変えるのです。

２年生の時、読むことに苦労していた私を父が助けてくれることになりました。彼は私に自分の膝の上に乗って読むように言い、私はとてもワクワクしました。父は私を膝に乗せたり抱いたりすることは決してなかったので、これは素晴らしいことに感じました。私が読み始めると父はすぐ私の足を叩き、私に向かって本を振って叫びました。「その文章には"have"なんかないのに、どうしてお前は"have"と言うんだ！　わかったか？」、それが延々と続き、私が泣いたので、彼は私を膝から降ろし、二度と膝に抱いてくれることも、私を助けようとしてくれることもありませんでした。

　小さな子どもだった私には父の心に悪魔が宿っていたとは思いもせず、今も父に何があったのか分かりません。彼は深く傷ついていて、怒り出すとよく抑えられなくなりました。コネクション・プラクティスを使って、私はその出来事の中心を私の痛みから父の痛みと苦しみへの共感に変えました。私の洞察は結局のところ、私のことではありませんでした。それは、父は前向きなやり方で私を、あるいは自分自身を救う力を持っていなかったのだということでした。

　私はこの出来事から、コネクション・プラクティスは「ネガティブな瞬間」を「気づきの瞬間」に変えられることを学びました。

　このような内面の癒しは貴重な転換点だ。いったん方法を知れば、私たちは過去の囚われから解放され、再び充実して生きることができる。

科学的な要点

コネクション・プラクティスを創り出してから数年経って、私は共感と洞察の相性の良さについての科学的根拠を理解するようになった。この章の初めに書いたコネクション・プラクティスの説明でそれぞれの研究について述べたが、それらを全てまとめるとコネクション・プラクティスがなぜ有効かについての全体像を得られるだろう。

1. **感情に名前をつけることは扁桃体の反応を抑える**
   『感情を言葉にする』の中で、感情に名前を付けることが扁桃体の反応を抑えることを研究者たちが発見している。[30] 感情に名前を付けることは、コネクション・プラクティスの最初のステップだ。

2. **ニーズに名前をつけることが共感を導く**
   『人間の共感に関わる神経基質：視点取得と認知的評価の影響』の中で、行動の測定と脳の反応は、その人が相手のニーズを理解するための前後関係を知っていると、共感的反応が促進されることを示した。[31] ニーズに名前を付けることは、コネクション・プラクティスの2番目のステップだ。

3. **ハート／脳・コヒーランスが洞察を導く**
   『ポジティブな感情による洞察促進の脳メカニズム』[32] は、ポジティブな人は洞察による問題解決の可能性が高まることを示している。「ハート／脳・コヒーランス」は、人の気分をポジティブな感情に変え、その結果としてコネクション・プラクティスの最後のステップで洞察がもたらされる。

2千人以上の様々な分野の人々の評価から、コネクション・プラクティスのステップが日常の非理性的な反応を抑え、より多くの洞察をもたらすことが分かっている。私が科学的研究について少ししか触れていないのは、私たちが知っていることを実践し、その効果を経験することに重点を置いているからだ。感情、共感、思いやり、コヒーランス、洞察に関する多くの研究があり、それがなぜ効果を示すのか理解しやすいように、それらの一部をこの本の最後の参考資料に収録した。

コネクション・プラクティスの点を結ぶ

　人生で何が起きようと、コネクション・プラクティスのステップは完全なつながりをもたらす。5つの方法でつながることでより多くの気づきを得て、より知的に上手に対応できるようになる。
　状況を明らかにした後、あなたは、

1．あなたの感情を、満たされた／満たされないニーズにつなげる。
2．（もし誰かが関わっていたら）相手の感情とニーズに、敬意をもって推測することで、つながる。
3．ポジティブな感情で、「ハート／脳・コヒーランス」につながる。
4．あなたの最良の知性とつながり、洞察を得る。
5．あなたが得た新しい気づきに従い、あなたの内的人生を外的人生とつなげる。

　ラスールたちと私は、今コネクション・プラクティスを、ビジネス界、大学、政府、学校、非営利団体そして一般に向けて教えている。このプラクティスは、私たちの人生を効果的そして実質的により幸せでいられるように変容させてくれる。しかしそれを身に付け

るには決断と練習が必要だ。米国の小説家、ラルフ・エリソンは、「変化には深い決断が、そして成長にはさらに深い決断がいる」と言った。あなたが残りの人生で意識してコネクション（つながり）を創造したらどんな豊かな恩恵が得られるかを想像してみてほしい。

章のまとめ

1. コネクション・プラクティスの最初の部分「つながりのプロセス」が中心となるアクティビティ。

2. 2番目の部分「つながりの道」は、あらゆる対立を解決し、問題を癒すのに役立つ。

3. 3番目の部分「つながりの調停」は、対立している双方への、調停者の助けによる介入。

4. 「感情とニーズ」の推測は、高ぶった感情を抑え、コヒーランスに向う気持ちを促す。

5. 結果にこだわると、つながりが妨げられる。

6. コネクション・プラクティスは、その人の根幹に関わる人生の重要な課題を癒すことができる。

第 5 章

コネクション・プラクティスを使って課題を克服する

▍救命具としてのコネクション（つながり）

　2009 年から 2012 までの間、私はコネクション・プラクティスに没頭したのだが、それは以下のような急激な変化がたて続けに起きたからだった。

- 2009 年 2 月：経済不況によって、私たちがコスタリカで教えていた 24 校の学校用プログラムに対する財政支援が打ち切られることになり、私は所長以外の全員を解雇せざるを得なかった。その時の私はまだこの事態にうまく対処できるほどコネクション・プラクティスが身に着いていなかったので、従業員たちは不満を抱えて去っていった。
- 2009 年 7 月：私は、牧師である夫から、「教会仲間のある女性と 3 年間関係していて、離婚したい」と告げられた。幸福と安定をもたらしてくれていた夫との 20 年にも及ぶ関係が終わりを迎えたことは、私にとって大きな衝撃だった。（同じような課題に直面する他の人たちへの助けになるので、この章に彼の

ことを入れることに彼は同意してくれた。)
- 2010年2月：離婚が成立した。資金援助が充分に得られなかったので、私はコスタリカのプログラムを無期限で中止しなければならなかった。紛糾したコミュニティ内の陰口から逃れ、資金を集めるために、私は米国全土でコースを教え始めた。
- 2010年8月：テキサス州アーリントに移り父と暮らすことになったが、17年間のコスタリカ生活とのギャップに"逆カルチャーショック"を受け、私は途方に暮れてしまった。わずか18ヶ月の間に、結婚生活と、心通う仲間たちと、愛していた仕事と、我が家を失ったのだ。
- 2012年2月：私は非ホジキンリンパ腫と診断された。病気と厳しい財政の結果、ラスール・ファンデーション・インターナショナルは最後の蓄えまでも失った。
- 2009年まで、私の人生は比較的苦しみとは無縁だった。このような馴染みのない極度の困難は私の行動力を試す良い機会になった。試してみたことで成功も失敗もしたが、結局はその全てが人生の大きな学びとなり、日常でのコネクション・プラクティスの実践を確固たるものにしてくれた。

私の困難な旅のハイライト

　コスタリカのプログラムへの資金援助を失い、私はうろたえていた。ダイエットコーラを大量に飲み、不健康な食事を始めたのは、やり続けるためのエネルギーを無意識に求めようとしたからだったのだろう。もちろんこのような行為は私のコヒーランスを妨げたので、私は経営上のミスを犯した。やっと立ち止まって自分の感情とニーズを調べてみると、不安で混乱していて、明晰さ、安定、助けが必要であることが明確になった。洞察を求めると、「あなたがやっていることには代償があります」という言葉が来て、ハッとした。なぜなら、それは頭の中を駆け巡っていた「〜すべき」とは違う響

きを持っていたからだ。
　何を変えればいいのか正確に知りたくて、もう一度コヒーランスに戻り、別の洞察を求めた。洞察は単に、「時間を意識して使いなさい」だった。その後、私はダイエットコーラを止めた。コーラ依存を断って落ち着きと集中力を取り戻したものの、毎日「つながりのプロセス」をする代わりに、"ストレスがあると物事をより早くこなせる"という自分のやり方に依存していた。今思えば"木を見て森を見ず状態"だったようで、事はうまく運ばなかった。
　私の夫の不倫のニュースは急降下だった経済状態を感情的なきりもみ状態に変えたが、結果的には私をコネクション・プラクティスに没頭させてくれるきっかけにもなり、おかげで私は健全な精神を取り戻すことができたのだ。私は夫にプラクティスを教えていたので、お互いが平和を見出せることを期待して、彼に私と一緒に「つながりの道」を歩いてもらった。すると、私たちの主なニーズが現れた——彼は受容で、私は現実の共有だった。現実を共有するとは、共通の価値観と信念を共有するという意味だ。私に洞察が来た。「あなたは彼と同じ現実を共有していると思っていたが、共有していなかった。あなたが持っていたものに感謝しなさい」。それは飲み込むには苦い薬だったが、事実であることは分かった。そして、その洞察が教えてくれた内容は私が夫に与えられる受容に最も近いものだった。
　「つながりの道」を歩いて以前より平和を取り戻したものの、まだこの人生の変化に何の意味も見出せず傷ついていた私は、ある晩コヒーランスして、自由になれる夢を見せてくれるよう心にお願いした。するとこんな夢を見たのだ。

　　私は教会の祭壇にひざまずいていた。私の左に夫が、そして彼の左に彼の愛人がいた。参列者たちは私たちの背後にいて、牧師が私たちの前にいた。牧師が「あなたたち3人はこのドラマを演じるために何と素晴らしい働きをしたことでしょう。おかげでリタ・マリーはそこから学び、よ

り良い教師になることができました」と言った。そこで、その言葉に私が心から同意したことが参列者たちに見えるように、私は親指を立てて両手を高く上げた。

目が覚めると、私は人生のこの危機の意味がしっかりと把握できた。もう自分が犠牲者だとは思っていなかった。心の奥深い何かがこの経験をもたらしたのだ。私は今そこから学ぶ用意ができていたし、最悪な心の痛みはなくなっていた。しかし、人生の激変による大きな波紋はその後も私に絶え間ないストレスをもたらしたのだった。

テキサスに移った後、私の仕事は米国に拡大した。常に飛行機であちこち飛び回り、異なる時間帯と環境に繰り返し身体をさらしていた。そんなある日、私は突然、あらゆる食べ物にアレルギーになり、うまく呼吸ができなくなって、ついには非ホジキンリンパ腫と診断された。

私はこの診断を巡る自分の感情とニーズを調べてみた。怖かったけれど、自分で自分を癒そうと決意したのだ。ネイチャー・レビュー・クリニカル・オンコロジー誌の研究によれば、「全く予期しない衝撃的ショックは、精神、脳、身体の反応の原因になり、癌の形成を引き起こすことがある」という。[33]

私の身体には感情的ショックと肉体的ストレスの両方があったが、私にはそれを好転できる確信があった。洞察を求めると、こんな言葉が来た。「癒しの贈り物を受け取りなさい」。私はそれを、"治る"という確約として受け取った。

テキサス癌センターの私の癌専門医のサビン医師は、化学療法でこの癌は極めて簡単に治すことができると私に言った。私が代替療法を試してみたいと話すと、彼は私の目を見て私の手を取り、「あなたには自主性が大切なようですね。そうあるべきだと思いますよ」と言った。私に共感を与える方法を知っているこの優しい医師に、私は心を開くことができた。

私の癒しの旅が始まった。インターネットにあるアドバイスを選

別し、体の毒出しをし、運動をし、健康になる食べものを摂った。私がしたことで誰かを傷つけたことがないか、あるいは誰かに傷つけられたことがないかを心に問いかけ、それらの記憶について「つながりのプロセス」をした。そのプロセスによって修正が必要とわかった時は、それに従った。「待つ」とか「これはあなたのものではない」というメッセージを受けた時は、ただそれに関わった人たちすべてに感謝の気持ちを送った。癌について尋ねるといつも、「癒しの贈り物を受け取りなさい」という答えが来た。

ラスール・ファンデーション・インターナショナルの急激に悪化した財政と、私が癌治療の間それに関われないことが心配だった——私に必要なものは助けと希望だった。するとこんな洞察が来た、「あなたが持っている贈り物を与える光栄に浴しなさい」。私はそれを、私が教えることを実践すれば資金が調達できるという意味にとった。その後間もなく、支援者たちと話し合った結果、彼らが大きな寄付をしてくれることになり、私たちは立ち直った。

ある友人が有名なヒーラーのジョン・オブ・ゴッドに会うようにと、ブラジル旅行をプレゼントしてくれた。私は癒しが行われる場所に近いホテルの小さな部屋に泊まった。ほぼ一年間リンパ腫が左側の鼻腔を塞いでいたため、ずっと不愉快に感じていた。普通に呼吸したいのでたくさんの療法を試みたが、どれもうまくいかなかった。

居心地のよい部屋の小さなベッドに横たわって木製の天井を眺めている時、自分がつながりのプロセスを癌ということだけに使ってきたが、まだこの身体的課題には使っていなかったことに気づいた。それで私は感情とニーズを特定することから始めてみることにした。私は混乱し、不安で、居心地が悪く、もう二度と普通に呼吸ができなくなるのではないかと恐れていた。私には、明晰さ、確信、心身の健やかさ、自由が必要だったのだ。それからコヒーランスに移り、洞察に耳を傾けた。

するとこんな指示が来た、「逆立ちしなさい」。逆立ちなどもう40年もやっていなかったが、私は頭を下にして、壁に向かって両

足を蹴り上げた。数分間しか続かなかったが、立ち上がると呼吸が楽になっていた。さらに数回やってみると左側の鼻が通じた。私は鼻腔のよい循環を保つために定期的に逆立ちを続けた。

ブラジルでのセッションで回復の感覚を持ったが、家に戻ると放射断層撮影法（PET）スキャンはまだリンパ腫があることを示したので、私は化学療法を受ける決断をした。4回の治療の後、癌がなくなった。私の内面的な浄化に、新しく始めた習慣に、私の健康保険に、近代医療と代替医療に、そしてずっと支えてきてくれた医師たち、友人たち、家族に、心からの感謝が湧いた。これまでのあらゆることが不可欠で、すべてが癒しの贈り物だったのだ。後になって、なぜ「癒しの贈り物を受け取りなさい」という言葉が繰り返し訪れたのかが理解できた。ふさわしい時と場所から与えられる様々な癒しをすんなり受け取れるように、私が心を開いておくためだったのだ。

今度こそ立ち直る用意ができていた。私はコスタリカのプログラムのために新しいディレクターとトレーニング・コーディネーターを雇った。2013年、彼らは860人の教師をトレーニングし、私は米国でラスールたちを応援した。ラスールたちみんなが、各々つながりのある人々にコネクション・プラクティスのコースを教え、参加者たちをラスールの認定トレーニング・プロセスに導き始めていた。

最も役に立つ習慣

個人的な成長への方法は共感と洞察を組み合わせる以外にもたくさんあり、それぞれが独自のユニークな強みを持っているが、他の方法と異なるコネクション・プラクティスならではの強みは、ハート（心臓）のパワーを最大限に利用して、脳をより知的な状態に引き入れることだろう。しかし、コネクション・プラクティスを含めどの方法にも言えることは、効果を実感するには実際に使ってみる

ことが必要であるということだ。私が見出した最適な方法は、このプラクティスを"日課"にすることだ。

> 他の手法と異なるコネクション・プラクティスの強みは、
> ハート（心臓）のパワーを最大限に利用し、
> 脳をより知的な状態に引き入れることだ

　生まれてからずっと、私は毎日同じことを繰り返すのが苦手だった。日記の習慣も喜びより面倒臭さを感じることの方が多くていつも長続きしなかったし、歯磨きやシャワーなどの基本的な生活習慣以外は、自己鍛錬につながるような日課をコツコツやるより、その時々の自発性を重んじる性質だった。
　「つながりのプロセス」は全く異なる経験だ。日によって５分のときも１時間のときもあるが、毎朝そのための時間を取ることで、"感情とニーズに蓋をしたまま悪循環が繰り返されてしまう日常"を予防することができる。常につながり続ける習慣がないと、つながっていないことが習慣になってしまう。
　習慣的にプラクティスを使うと、飽きてしまったり発想が通り一遍になってしまうのではと懸念する人もいるかもしれないが、少なくとも私はその反対で、この練習をすればするほど人生の奥深さや可能性を感じるようになり、生きることにより魅了されるようになった。日常の習慣は、玄関の戸を開けて私を家に招き入れてくれる召使いのようなもので、私は私の"家"に住む"知恵"と"思いやり"によって、自分の本質に触れ、選択の自由を得ている。
　自分の内ではなく外側に意識が向いている人や、静かに座って自分の内に意識を向けることに対して抵抗がある人は、驚くほど多い。私の人生が主に外側の世界に向けられていたのは、一貫性を持って自分の内側に強力に対応するための、効果的な方法が見つからなかったからだ。「つながりのプロセス」のパワーを発見した後でも、実践しないまま進んでしまいがちな自分がいたので、私はどんな時もこのプロセスに戻れるように、７つの方法を作った。

1．「つながりのプロセス」デイリー・ワークブックを使う

　私たちの編集者のダイアン・ブロムグレンと私は、「つながりのプロセス・デイリー・ワークブック」を開発した。それには90枚の「つながりのプロセス・ワークシート」が入っている。このワークブックを持ち歩くことは、私のプラクティスの基礎となっている。小さいのでどこへでも持ち運ぶことができ、私はそれを頼りにしている。あなたも本書末尾（223ページ）にあるサンプルのワークシートを試してみてほしい。

2．できるだけ同じ時間に、同じ場所で行う

　私は毎朝、自宅で同じ時間に同じ椅子に座ってプロセスを完了させることが長続きのヒケツになっている。後でパワーが増す感じがするのが分かっているので、その椅子に身を沈めるのが楽しみだ。旅行の時は、荷を解きながらプラクティスをする場所を選び、そこにワークブックを置いておく。そうしておくとそれが目に見える印となって、自分の内側の世界へ旅する時の高揚感を思い出させてくれるのだ。

3．プラクティスをひとりでやる時は、大きな声を出す

　私たちのコースの参加者たちはパートナーを決めて2人で「つながりのプロセス」を学ぶのだが、それは誰かに聞いてもらい、各ステップでサポートしてもらうと飛躍的な結果が出るからだ。生徒たちはコースが終わってもパートナーとワークを続けることがよくある。

　毎日人とつながる恩恵が得られたらどんなにいいだろうと思っていたが、それが現実的に難しかった私は、映画『キャスト・アウェイ』である島に取り残されたトム・ハンクスが、サッカーボールをウィルソンと呼んで友としていたのを思い出した。自分以外の何かとつながることで生き残ることができたその主人公にヒントを得て、寝室に掛けてある大切な人の写真を壁から

取り外してプラクティスのコースでするように、それに向かって話しかけてみると、私のセッションはさらに豊かになった。ラスールのひとりは、同じ方法でキャンドルの灯りを使っている。大切なのは最大のつながりを感じる方法を見つけることだ。

4．コネクション・パートナーと話す

　何かの問題解決に手こずっている場合、私は「つながりのプロセス」を知っている友人に電話することにしている。いつもその人間的な感触によって目的が達成されるのだが、ある日の場合は、もう済んだことと思っていた子どもの頃の問題が再び蘇ってきた。その時私はラスール・ファンデーション・インターナショナルの仕事を広げたいと思っていて、それには新たなレベルの自信が必要になるだろうと分かっていたのだが、何かが私を引き止めていて、それが私の母の信念の一部に未だ固執している私の心の何かであるのを感じていた。そこで私はこの日に至るまで続いている出来事について、時間をかけて思い返してみた。

　　　私の母は物事をやり遂げるタイプの人だった。やりたいことをすぐ行動に移す大切さを教えてくれた母に感謝していると同時に、母の出産を担当した医師によって私が被った「早く母のお腹から出なくては！」という出生時のトラウマは、「物事をやり遂げなさい（さもないと…！）」という母からの絶え間ない圧力によって強化された。
　　　母の膝に座っている幼い私の写真を見ると、右手の指のほとんどを口に入れていて、不安でその場を楽しめないでいる様子が見て取れる。ティーンエイジャーの時、この不安感を消そうとして「ママ、人生はただ物事をやり遂げればいいということではないわ！」と声を限りに叫んだ私に、母はポカンとして「それじゃ、

何なの？」と言い、私は「知らない。でも見つけるわ」と言ったのだった。

　その時の気高い志にも関わらず、私は幼い頃から拭い去れずにきた不安を無意識のうちに抑え込んで生きていたので、その不安感はその後、過食、人間関係の断絶、人となりを読み取る力の欠如などを招いていたのだが、「つながりのプロセス」を使い始めるとすぐに私の人生は変化し始めた。

　私が母から受け継いだ閉塞感を手放していなかったことに気づいたのは、他ならぬあの朝のことだ。2005年に亡くなった母には深い愛情を感じていた。多くの試練を乗り越え人生を切り開いてきた母を、私は驚くほど忍耐強い人だと尊敬していたが、そんな母は私が6歳から自分でやって楽しんでいた"滑稽なひとり芝居"を止めさせ、代わりに毎日「やるべきことリスト」に注意を向けさせた。それはきっと私の興奮を沈め、独りよがりな人間にならないようにするためだったのだろうが、あまりにも多くの時間を「やるべきこと」に費やし平凡で退屈な日々を過ごしてきたので、大人になって人前で話すことがあっても、私は通り一遍のことしか話せなかった。本来の自分を発揮するには、私はこれまで持ち続けてきた自分の固定観念を完全に捨てる必要があったのだ。

　深い癒しを受ける用意ができたので、私は同居人でコネクション・プラクティスの実践者でもあるダニーンを誘って、私の「つながりのプロセス」に参加してもらった。あたかもママが私に共感し、私の感情とニーズを言い返す方法を正確に知っているように、私は彼女に"ママ"を演じるように頼んだ。ダニーンは、私が子どもの時の痛みを吐き出すのを静かに聴き、「私があなたの演技を止めさせ、いつも無理に物事をやり

遂げるようにさせた時、あなたが傷つき、怒りを感じたのは、あなたには理解とサポートが必要だったからでしょうか？　また、あなたが悲しみと寂しさを感じたのは、あなたには自己表現とあるがままの姿を見てもらうことが必要だったからでしょうか？　それで合っていますか？」

「はい」と私はささやいた。私の解放感の涙は共感がうまくいったことの証だった。ダニーンが演じる母とのやりとりの後、私がコヒーランスになるとこんな洞察が来た、「ママはあなたを、誇らしく思っています」。それはさらに涙を誘い、私が過去の制約から自由になったという深い自覚をもたらした。

　私は以前にも母との関係についてコネクション・プラクティスを行ったことがあったが、ダニーンのコネクション・パートナーとしての思いやりある存在によって、今回は以前よりずっと深いレベルで癒されることができた。人々が世代を超えた痛みから自分たちを解放する方法を学べるように、母は私たちの関係を私に話してもらいたいと思っていることだろう。ダニーンのおかげで、共感、正直さ、洞察への信頼に基づいた友情には金の価値があることを知った。

　コネクション・プラクティスを知っていて分かち合える関係は、プラクティスができないほど感情や肉体面での痛みが深い時にはことさら貴重なものだ。化学療法を受けながら姉のシャリーと一緒に暮らしていた時、私は強烈な吐き気と頭のモヤモヤで、毎日のプラクティスを続けることができなかった。

　ある日、そんな死んだような状態にも関わらず治療計画について重要な決定をする必要に迫られ、思考と感情がグルグルと回っていたところにシャリーが入って来た。彼女はラスールなので、私に何をすべきか

言おうとはせず、慰めや同情もしなかった代わりに、私の話を聴き、私の感情とニーズを推測した。このようなレベルの共感——本当に聞いてもらえたという感じ——のおかげで、私は頭のモヤモヤを取り払い、次のステップに必要な洞察を得ることができたのだ。

5. 音楽や肉体的アクティビティでポジティブな感情を刺激する

時折、プラクティスをする気になれない時がある。そんな時、私はひとりでオールディーズの黄金期の音楽で踊るとすぐコヒーランス状態になれる。踊っている間に感情とニーズと洞察がやってくると、一旦止まってそれらを書き留めるのだが、そうしているうちに気分が高まり、日常生活に元気に戻る準備ができるのだ。人によっては、歌う、歩く、あるいは何か創造的なことをすることでもよいのだろう。自分にとってどんなアクティビティが効果的にポジティブな感覚を取り戻してくれるのかが分かれば、それを使って心の中で起きている問題に立ち向かえるようになる。

ある時、ロバート・ケネディの孫娘にあたるメガン・ケネディ・タウンセンドと会う機会を得た。ヨガの一流のインストラクターである彼女は、ケネディ・フィットという学校のための新しいプログラムを始めていて、コネクション・プラクティスについて学びたいとのことだった。私がプラクティスのステップを教えると、彼女は特定のネガティブな感情をポジティブに変えるための身体の使い方を私に教えてくれた。私は深い気づきで感動した。セミナー中にエネルギーを変化させ気分転換するために簡単な運動を使うことはあったが、身体が「社会情動的スキル（SEL）」に実際どのように助けになるのかは知らずにいた。メガンの教えのおかげで、「完全につながる」ためにはまず身体につながることが欠かせないことがやっとわかった。

6．課題と同様に、お祝いにも気持ちを集中する

　私は毎日課題に気持ちを集中することには抵抗感があった。そうすると問題だけに注意が行ってしまうからだ。私たちがワークブックに「祝うこと」を含めるようにすると、その抵抗感が消えた。以下は、私のワークシートからの一例だ。

お祝い：
今日、1年前に得た洞察が本当になっていることに気づいた。1年前、かつて私の物だった美しい土地が、新しい所有者によって荒れて行くのを見るのが私には辛かった。その痛みを「つながりのプロセス」でたどった時にやってきた洞察は、「あなたはもっと高いところに行くでしょう」だった。おかげで私はその土地の外観について考えずに済むようになったのだが、あの時の痛みによる洞察のおかげで、今私は本当に自分自身が人生の道のりにおいて1年前より高い地点に到達していることに気がついた。

私の感情：
畏敬の念に打たれる、感謝する、信頼する、希望がある。

私のニーズ：
私の満たされたニーズは、明晰さ、意味、目的、超越。

洞察：これを良いことに変換することに貢献したあなた自身を祝いなさい。

答に従った私の行動：状況が良くなったことに感謝するのは簡単だが、私は自分自身に感謝することを忘れがちだ。これからは良い結果を得ることができた時、その結果に貢献した自分自身の働きを祝うことを忘れないでおこう。

7．コネクション・プラクティス・グループに参加する

　コネクション・プラクティスを学んだ卒業生たちのコネクション・プラクティス・グループが身近にあれば、そこに参加することでも成長できる。コネクション・プラクティスの講座やグループでは、そこでシェアされたことについて秘密が守られるし、学び手たちは以下のことにも同意もしている。「グループの人々が知っている、そこに居合わせていない人物については話さないこと。あなたがグループ内の誰かについての問題を取り上げたいと思ったら、その人に対して予め内々に、みんなの前で話してもいいかを尋ねておくことが必要で、尋ねられた人は断っても構わない」。アクティビティでの感情的安全性はこの同意のもとで保証され、参加者たちは自由に心を開くことができる。

頼もしく優雅に成長する

　コネクション・プラクティスを毎日実践することは、水を飲むことにちょっと似ている。私たちは水分補給の必要性を感じにくいが、意外と簡単に脱水状態になりやすく、しかもそうなったときには何が起きたのかわからないときがある。それで専門家たちは水分補給の大切さを訴えている。

　それと同様に、「自分は何があっても気分良くうまくこなしているので、自分自身や他者とつながる練習などする必要はない」と思っている人は多いかもしれないが、問題が起こった時それを解決に導くスキルの蓄えは持っているに越したことがないのだ。もし毎日練習していれば、人生に起こる様々なストレスに対して充分な備えができるだろう。ハートマスの創始者、ドック・チルドリーは、「ちょっとした練習は、心

> もし毎朝、そして1日を通して必要に応じて練習していれば、人生のストレスに対して充分な備えができるだろう

にいる世話人とつながるために払うわずかな代償だ」と言う。[34]
　「つながりのプロセス」は、重ねて実践するほどに、心の制御の中心に根ざした揺るぎない自尊心を養う。あなたが自分自身にとって不可欠な存在となると同時に、より良い聞き役になり、自分自身だけでなく他者のニーズにもより気づくことができるようになる。私はもともとパーティで少し気後れするタイプだったのだが、このプラクティスによって以前より社交的な性格になっている自分に気がついた。今はパーティに行く前に、そこで出会うひとりひとりに対して共感を通して健やかにつながる、という意図を持って出かけることにしているのだが、その効果は心がウキウキするほどだ。世間話はさっと聞き流し、話がポジティブであろうとネガティブであろうと共感に焦点を当てて話ができるようになってきたので、会話の相手一人ひとりの目に「聴いてもらえた」という喜びの光が宿るのを目の当たりにできるようになった。昔は苦手だったのに、今は「パーティよ、やって来い！」という気分なのだ。
　人生において、"あなたに対して"起きることは選べないとしても、このプラクティスをやればやるほど、"あなたを通して"起きることはいつでも選べるのだと気づくようになるだろう。あなたの共感と洞察のパワーを奪うことは誰にもできない。このプラクティスの積み重ねによってあなたの本質が頑丈かつ柔軟になり、他人や状況に翻弄されることなく、最も深い願いを成就しようと喜びに駆られて邁進するようになるからだ。
　日常には、相手とのつながりが実現しないときも、対立が解決されないときもあるだろう。相手が選んですることはコントロールできないし、相手の特定の反応に翻弄されてしまうこともあるかもしれないが、このプラクティスが習慣になっていれば、がっかりするようなことが起きた時もすぐ自己共感をして、いつでも静かに相手に共感を送ることができる。
　そのような状況を私は前夫と経験した。私が本当のことをここに書くことに彼は勇気を持って同意してくれた。彼は本物であろうと努力し、人生を癒そうとしているからだ。私たちが別れた後、彼は

結局教会を辞めて米国に戻ったのだが、彼が教会を去った後に、彼の教会での非道徳的な行為が公になり、教会を衰弱させる結果になった。私は人生の 16 年間を費やし、心と手とお金を投じてこの教会を支えてきた。信者はほとんどいなくなり、新しい牧師を雇う資金もなかったが、私はあきらめたくなかった。そして教会を離れていった人たち全員と、今でもわずかに残っている人たちに、彼が償いをしたらどんなにいいだろうと思った。そのような姿勢があれば教会は新しいスタートを切れるだろう。私はこの問題を使って「つながりのプロセス」で何が出てくるか見てみた。

前夫の行為をもとに深く考え、彼の過去について私が知っている全てを参考にプロセスをたどった私にとって、彼のニーズに心を開くことは難しくはなかった。彼は偽りの人生から抜け出る道を探そうとしていたのだが、どうすればいいのかで混乱してしまい、やり方が裏目に出る結果になっていた。彼は恐れ、傷つき、そして受容と平和、本物であること、自由、安心を切望していたのだろう。私は彼のニーズを満たす助けをしたいと思い、同時に教会のニーズも満たされるようにしたいと願った。

私は彼と連絡を取って彼に共感し、その後で私の正直さと教会へ援助についてのリクエストを共有した。しかし彼には進んで償いをする気持ちがないと知り、困窮した。私はあきらめるしかなかった。そうでなければ、リクエストではなく命令になってしまうからだ。私は最善を尽くして共感し、正直であったことに満足していたが、彼に、教会の将来に、そして人生にまだひどく失望していた。私は自分の感情とニーズを探り、主なニーズが希望であることを見出した。しかし深い喪失感から救ってくれる洞察は何も来なかった。私の心のどこかが、そう、全力で彼を愛し信じていた部分が閉ざされていたのだ。

そんなある日、やっと洞察がやって来た。「誰をも愛するためには、あなたは一人ひとりを愛さなければならない」。私が前夫をもう一度心から愛するようにならない限り、私は人生を心から愛するようにはならないのだと理解した。今私は毎日、20 年間彼に対して持っ

ていた同じ愛を静かに彼に送っている。再び私は自由に人生の全てを愛せるようになっている。プラクティスの助けなしに、この未解決の対立に平和を見い出すことが果たしてできただろうか。私が夫と彼の愛人と祭壇の前にいた夢は、この学びを予知していたのだ。この深い痛みを癒す過程を経て、私はより本当の自分でいながらコネクション・プラクティスを教えられるようになった。私の前夫も本来の力を発揮するようになり、新たに乗り出したスタートについて話してくれる。私は、彼の旅の幸運を心から祈っている。

　人は、それぞれのペースでコネクション・プラクティスを学ぶ。私はこれまでのところ、このプラクティスを学んで進歩しなかった参加者を一人も知らない。しかしコネクション・プラクティスは1回振ればあらゆる反応を癒してくれる魔法の杖ではなく、あの有名な「アルコール依存症の12ステップ・プログラム」のように、「やらなければ効果がない」のだ。何事にも自動的に反応するような、馴染み深い日常も気楽で居心地がいいかもしれない。しかし多くの価値あることのように、自分の内と外につながって自分の本質を揺るぎなく生きたいのであれば、そのように人生を生きようとする決意と、何はなくとも"毎日の練習"が欠かせないのだ。

　「コネクション・プラクティス」の日々の練習の見返りがこれほど具体的で、私の興味をかき立ててくれたことに感謝している。私の人生はこれに完全にはまってしまった。成長するにつれ、私はより冷静になり、より自信を持つようになったが、それでも今も誤りを犯しやすい人間だ。2014年にリンパ腫が再発した。信じられなかった。つながりが健康をもたらすと信じていただけに、健康な身体を保てなかったことを恥ずかしく感じた。私は自分の恥ずかしいという気持ちには、人々からの批判への恐れが含まれていることに気がついた。私に失望し、私から離れて行ってしまうだろうと思ったのだ。恥ずかしい気持ちの中心にそのような恐れの根があることに気づいた私は、その恐れを解放し、私の人生にリンパ腫を引き起こしている根源を見つけるためにプラクティスに深く没頭した。

　まず感情とニーズを探ってみると、私は輝くような健康が大切で、

深い失望感があることがわかった。そしてそれを達成するには、喫煙を止め、アルコールを極力減らし、ほとんど菜食にし、ネガティブな感情を洗い流す習慣を怠らないことで充分なはずだと思った。私たちの仕事に関する経済的安定が気がかりだった。この分野を開拓するには常に資金調達が必要であり、私がその一番の稼ぎ手だったからだ。また、私のリンパ腫の原因について意見やアドバイスや分析ではなく、実際的な情報や理解、そして何より共感が欲しくて、傷つきやすく、用心深い状態になっていた。

洞察を求めると、2012年から、ある記憶が浮かんできた。

> 代替療法でリンパ腫を治そうと試みている時、私はプロの撮影チームとコネクション・プラクティスのビデオを制作していた。数台のカメラと予備の照明機材のある部屋で私を撮影している最中に、誰かが私のリンパ節のひとつが腫れているのに気づいた。撮影を続けるうちにそのリンパ節は誰の目にも大きくなっていき、ついにカメラから隠せないほどの大きさになった。喉がそのリンパ節に圧迫され呼吸ができなくなるのではと不安になるほどだったので、私たちは撮影を中止し、友人が救急治療室に私を連れて行ってくれたのだ。

この記憶がすぐに洞察を招いた。「カメラや照明からの電気と同様の、私が毎日曝されている電磁波（EMF）がリンパ腫を引き起こしている」。その後、電磁波に曝されている従業員たちは非ホジキンリンパ腫の危険が高くなるという事実を知った。また電磁波への被曝が癌を引き起こすことがあるという別の研究結果も見つけた。[35,36] 私は、飛行機、長時間のパソコン作業、携帯電話、そしてどこに行っても逃れることのできないWiFiからの被曝を常に受けていたことに気づき、電子機器からの電磁波をできる限り避け、免疫系を立て直すことを始めた。

このような経験によって、「私の何が悪いの？」から、「私に何が

起きているの？」と変えて聞くことを教えられた。私は「つながりのプロセス」を使って、好奇心と受容を持って自分自身と人々の問題に対応している。

> 「私の何が悪いの？」から、
> 「私に何が起きているの？」
> に変える

　この個人的な進化の方法を多くの人々が私と共にやっているのだが、以下は、2008年に私のコースを取って以来プラクティスを実践している友人、サムの話だ。

> 自分の外側を非難しても何にもならないことを思い出させてくれるので、私はプラクティスを続けています。私の潜在意識にある考えを意識するようになると、自己非難の声は癒されます。「つながりのプロセス」によって私は自分自身の内側に導かれ、自己共感の能力を得て、質問と答が明確にできるようになりました。

　サムが身につけたようなスキルは、つまるところ感情の適応能力というものだ。ガボア・メート医師は著書『身体がノーと言う時』の中で、感情の適応能力が必要とするものを詳しく説明している。

- 感情を感じる能力。それによってストレスを経験している時に気づく。
- 感情を効果的に表現する能力。それによってニーズに気づくことができたり、入り混じっていた別々の感情の境界がハッキリしてくる。
- 自分の反応が、現在の状況に対する感情から引き起こされているのか、過去の記憶に起因するものなのかを区別するスキル。人が叶えたいのは、現在のニーズを満たすことであって、子どもの時からの無意識の満たされないニーズではない。過去と現在の区別が曖昧になると、何も問題がなくても喪失感や恐れを抱きやすくなり、相手からの受容や承認を得るために自分の欲求を抑圧する

ようになったり、満足感を必要とする純粋なニーズに気づきにくくなったりする。[37]

「コネクション・プラクティス」にあふれている、感情に適応できる豊かさ、自己認識の力強さ、エンパワーメントの恩恵などを言葉で捉え切ることは難しいが、右の詩はそれらに近いものを表現してくれているように私には思える。それは愛を際限なく自分の外側に求めることから、自己愛の発見への変化が語られているからだ。

この章のまとめ

1．「コネクション・プラクティス」を使えば、自分や他者の感情とニーズを無視し、最高の叡智とのつながりを失う、といった陥りやすい日常の悪循環から抜け出し、自分自身と人間関係にいつでも平和をもたらすことができるようになる。

2．「コネクション・プラクティス」を日常的に実践してスキルを養っておけば、ストレスの多い時の備えになる。

3．「つながりのプロセス」は、自分自身を客観的に見つめることと、その上で揺るぎない自尊心を養うことの両方が身に着いていく手法である。

4．"自分に対して"起きることは選べなくても、"自分を通して"起こることはいつでも選ぶことができる。

5．「私の何が悪いの？」から「私に何が起きているの？」に変えることができる。

愛、そして愛

　　　　そう遠くはない日
　　　　胸の高鳴りと共に
　　もうひとりのあなたがやって来る

　ドアの向こうや、覗き込む鏡の中で
　互いの目は合い、微笑みあうだろう

　　　「さぁ座って、食事にしよう」
　　　そう告げるその人のことを
　　　あなたは再び愛するだろう

　ワインを、パンを、取り戻した心を
　あなたを愛する、あなた自身に与えなさい

　　　　ずっとずっと長い間
　　あなたは気が付かなかったのです
　あなたを心から知る、その人のことを

　本棚からラブレターを取り出しなさい
　たくさんの写真や、絶望的なメモや
　鏡に映るあなたのイメージを剥ぎ取りなさい

　　立ち尽くさず、人生を謳歌しなさい

　　　　　デレック・ウォルコット

つながりのスキルを、次世代に

ラスール・ファンデーション・インターナショナルのビジョンは
つながりのアートを一人ひとりが実践し
次世代に伝えていく世界をつくることです

つながりの模範を示すコスタリカの生徒、ダグラスとブレンダ

第6章

家庭と学校でのつながりをつくる

世代間の暴力は止めることができる

　1章で話したジョーの物語を覚えているだろうか？　彼は算数のテストで落第し、クラスメイトの髪をつかんで校庭を引きずり回すような子だった。ニーズを特定した後でコヒーランスになると、ジョーは誰かを傷つける代わりにサポートをリクエストできることに気づいた。世界中の子どもたちも同じように、私たちの人生を変え、誰もの暮らしを向上させるこの気づきから恩恵を受けるだろう。

　毎日、互いを知っている者同士の間で起こる暴力と定義される「対人暴力」によって、世界で565人の若い人たちが命を落としている。[38] 共感と洞察の組み合わせで若者の暴力を劇的に減らすことができるとしたらどうだろうか？　読み書きや算数と同じようにこのスキルが重要視され、世界中の教育システムに取り入れられたら、必ずそのような暴力は激減すると思う。

　ジョーの物語はこの主張を裏づける多くの証拠のひとつに過ぎない。カリフォルニアの教育者テクラ・ガルシアは、コネクション・プラクティスのコースを取り、それを生徒たちに試してみた。彼女の報告だ。

クラスを妨害し、一貫して好ましくない注意を引いていた小学５年生の生徒のひとりに私はコネクション・プラクティスをしました。セッションの最後に彼は「これを使えば他の人たちともつながれるよね？」と私に聞きました。彼は自分のニーズを満たすポジティブな方法を見つけたのです。

　この成功に励まされて、テクラは落ち込んでいた８年生のビリーともコネクション・プラクティスをやってみた。彼女はこう話した。

　私は大切にする・されるというニーズがあるのか尋ねました。彼は「僕が誰かにとって大切だなんてことはありえないよ。そんなこと考えることさえ無駄だね。人生はそんなものさ」と答えました。セッションの最後に、彼が私にとって大切であること、そして彼のお父さん、兄弟、担任教師にとって大切なことを私は知っていると伝えました。
　つぎの週、ビリーの担任が中庭で私を見かけ声をかけてきました。彼はビリーが目に見えてよくなっていると言いました。ビリーを受け持つ体育の教師も私を探し出して、ビリーの態度が向上したと言いました。今ではビリーはマイルマラソンでいつもベスト３に入っています。

　2013年の米国疾病対策センターの調査は、過去12ヶ月間に約6人にひとりの生徒が真剣に自殺を考え、12人にひとりが自殺を試みたことを示している。[39]2012年には５千人以上の10代の若者たちが自殺している。[40]誰かとつながる経験を重ねることで、自殺に至る可能性のあるうつ病をどれだけ減らせるか考えて欲しい。
　生徒たちは学校から落ちこぼれになるかもしれない。そうなると孤立し、前向きに生きるための助けがほとんどなくなってしまう。ビル＆メリッサ・ゲイツ財団が行った「サイレント・エピデミック（潜在的流行）」という調査で、学校環境において、生徒たちが落ち

こぼれになる主な原因のひとつはつながりの欠如であることが判明した。[41] 学校でコネクション・プラクティスを毎日行うと、生徒たちは聴いてもらえたと感じ、帰属意識が高まる経験をする。今日の問題への最高の解決法だ。

> つながりのスキルを習得した子どもたちは
> 成長して自分たちの子どもを持ち、
> この贈り物を彼らに伝えていくだろう

　暴力、自殺、落ちこぼれは、多くの研究が示しているように、すべてつながりの欠如に由来する。今こそつながりを生み出すことを最優先の課題にすべきときだ。つながりのスキルを習得した子どもたちは成長して自分たちの子どもを持ち、この贈り物を彼らに伝えていくだろう。そうすれば、世代を越えて受け継がれる痛みや暴力は、創造的知性とつながりの遺産に取って代わられるだろう。

　『アルコールに関する研究ジャーナル』に掲載された、生徒たちの社会心理的な危険因子に関する研究は、私のそのような楽観的な見方を支持している。研究者たちは、「社会情動的スキル（SEL）」プログラムに参加する生徒たちは、暴力とドラッグやアルコール使用のような学習を損なう危険性の高い行為に関わる傾向が低いことを発見している。[42]

　「社会情動的スキル（SEL）」は、私たちの内面的生活に効果的に対応し、選択することの影響を理解し、豊かな人間関係を築き、ポジティブな態度を保つことを私たちに教える教育だ。

　「学力・社会情動的スキルのための共同チーム（CASEL: Collaborative for Academic, Social and Emotional Learning）[h]」は、SELを幼稚園から高校までの教育の不可欠な部分に位置づける活動をしている。彼らの実証に基づく取り組みによって、この分野は大きく前進している。2008年、小・中学校生徒の317のSELプログラムの調査研究が大規模な3つの考察にまとめられ、それらに延べ324,303人の子どもたちが関わった。

---

h. CASELはすべての生徒たちの学力・社会情動的スキルの能力開発を進めている全米一の組織。www.casel.org

SELプログラムは各考察で複合的な利点をもたらし、学校生活と放課後のどちらの状況でも、また行動と感情面に問題がある生徒たちとない生徒たちの両方に効果が認められた。各プログラムは生徒たちの「社会情動的スキル」、自分自身と他者への態度、学校とのつながり、ポジティブな社会的行動、学力を向上させた。それらはまた、生徒たちの問題行動と感情的ストレスを減少させた。これらの考察からの結果を、他の研究チームによる介入プログラムの考察で得られた事実と比較すると、SELプログラムは就学児に提供されたもっとも成功している青少年育成プログラムのひとつであることを示している。それに加え、SELプログラムが生徒たちの学習達成度テストの成績を11％から17％向上させたことは、それらが実際的に教育効果を生徒たちにもたらしていることを示している。

　CASELは「研究に基づいたSELプログラムの質の高い取り組みに強い意思を持って関わることは、青少年の現在の能力と将来の進歩を増進させるであろう」と結論した。さらに同じくSEL提唱者であるNoVoファンデーションは「SELが普及すれば、私たちの不平等なシステムと暴力の文化を協調とパートナーシップを尊重し優先する新しいエートス（精神）に変化させる重要な役割を演じられるし、演じるであろう」と確信している。[43]

　CASELとNoVoファンデーションの多大な努力に私は非常に勇気づけられている。両者は学校でのSELプログラム導入と達成に大きな役割を果たしている。しかしこの分野にいる私たちは皆、教師たちが「テストのために教える」という圧力の下にいる事実に直面している。私が教師たちから最も良く聞く言葉は「私のクラスでSELをやる時間はありません」だ。

　このような制限があるので、SELプログラムを多くの生徒たちに実施するまでには問題が多い。しかし、このような問題を解決しないことの代償とは何だろう？

優れた児童精神科医でラトガーズ大学の SEL 研究専門家のモーリス・エリアス博士は、子どもたちのクラスから SEL プログラムを省く危険についてこう説明している。

> 私たちの学校の多くの問題は、社会情動的スキルの機能不全と衰弱の結果であり、そのために多くの子どもたちが苦しみ、そのツケを負わされ続けている。教室で混乱し傷ついた感情をたくさん抱えている子どもたちは、効果的に学習することはできないし、そうしようともしないだろう。子どもたちの社会的教養と人間性を育てる過程で私たちに欠落している部分は、疑いもなく社会情動的スキル（SEL）だ。SEL は従来の学校教育の枠外であり、別の問題として考えるべきだという主張は誤解に基づいており有害ですらある。その結果私たちは学校教育の目標への不満にさいなまれ続け、子どもたちの問題行動への対策と修復に超人的な取り組みを余儀なくされるだろう。そしてその社会的犠牲者の名簿はさらに増えるだろう。[44]

効果的で測定可能な SEL のニーズを満たす

この悲惨な実態から脱け出すために必要なのは、効果的な SEL プログラムだ。コネクション・プラクティス教育課程はそのような課題に対応するためにつくられた。そのステップは大人向けと同じで、各 30 分間 6 回の学習だけで、生徒たちは感情とニーズの名前づけと推測、ハート／脳・コヒーランス、洞察の受け取り、つながりのプロセスの使い方のスキルを学ぶ。生徒たちが簡単に楽しくできるように、ひとりでも、またパートナーと 2 人でも遊べる

> 私たちに必要なのは効果的なSELプログラムだ。
> コネクション・プラクティス教育課程は
> そのような課題に対応するためにつくられた

「つながりのプロセス・ゲーム」を作った。教師の指導でこのゲームを毎朝最初にするが、10分間だけでもできる内容になっている。

　ゲームでは生徒たちがペアになって、ひとりが状況を話し、相手はサポート役になる。もし最初の生徒がポジティブな状況を話したら、お祝いするゲームを使う。それがネガティブであれば、それを解決するステップを使う。子どもたちがその日の話をしていようが、サポートしていようが、この毎日の繰り返しによって、誰もが仲間たちや教師とのつながりを確実に感じるようになる。毎日の暮らしが新しい材料を提供するので、このゲームに飽きることはない。

　毎朝話をするのはひとりの生徒だけなので、ゲームは10分間で完了する。その短い時間で不安定な気持ちや過度の興奮がおさまり、それぞれの生徒は集中して学ぶ用意に入る。結果として、教師が教室で問題ある行動に対処するために費やす時間が減る。一番大事なことは、毎日生徒たちが自分自身の大切さを知ることをこのプラクティスが保証することだ。彼らは聴いてもらうか、あるいは相手の健康と幸福に貢献するかのいずれかの機会を持つからだ。

　ここに小学校5年生の教室で、教師が前でゲームを指導する例がある。生徒たちは机を二つ並べて、それぞれがペアとなって座っている。彼らはラミネートされたゲームシート（21 × 28センチ）、消せるマーカーと感情／ニーズリストを使う。メリッサとエリックがこのゲームのパートナーだ。

　　教師：では、今日問題かお祝いを話す人は始めてください。

　　メリッサ：昨日、私は数学のテストで落第点を取りました。夜になって、そのことについて書かれた先生のコメントにお父さんからサインをもらわなければなりませんでした。お父さんはとても怒って、私に怒鳴りました。

　　エリック：（感情リストを見ながら）あなたは傷ついてい

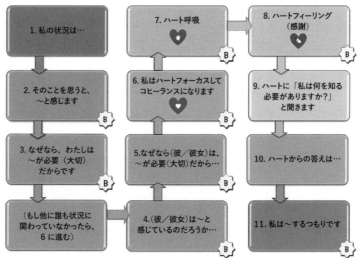

るのかな。それで合っていますか？

メリッサ：ええ。（これを感情ステップの上に書き込む）

エリック：（感情リストからまだ選びながら）動揺はどうですか？

メリッサ：はい、そのとおりです。（この感情をステップに加える）

エリック：（さらに感情リストを探りながら）あなたは怒りを感じているのでしょうか？

メリッサ：（感情リストを見ながら）いいえ、恥ずかしいだけです。穴があったら入りたいです。（彼女は「恥ずかしい」をステップに加える）

エリック：では、（ニーズリストを見る）あなたには理解が必要でしょうか。そうですか？

メリッサ：そうです。（ニーズのステップにそれを書き込む）

エリック：感情の安全さはどうですか？

メリッサ：確かに。（それをステップに加える）

エリック：（さらにリストのニーズを探して）サポートが必要ですか？

メリッサ：確かにそうです。どうしたらもっと数学ができるようになるのかがわからないのです。

エリック：わかりました。ではあなたのお父さんがどう感じていたのか想像してみましょう。

メリッサ：お父さんは怒っていました。（これを相手側のステップに書き込む）

エリック：（再び感情リストを探して）お父さんがあなたのことを心配していると思いますか？

メリッサ：はい。（相手の感情ステップにこれを加える）そしてお父さんは仕事のことでストレスを感じていると思います。（相手側の感情に「ストレスを感じている」を加える）

エリック：お父さんのニーズを探ってみましょう。あなたの心身の健康はどうですか？ あなたが大丈夫だとお父さんは確認したいのだと思いますか？

メリッサ：ええ、私に起きることはすべてお父さんが気にかけてくれているのを知っています。でもお父さんはとても腹を立てるんです。お父さんには心の平和が必要だと思います。（相手側のニーズのステップに「心身の健康」と「平和」を書く）

エリック：あなたが数学をもっとできるようになるために、どうやって助けたらいいか、お父さんは明晰さを必要としているのかもしれません。

メリッサ：その通りだと思います。そのことについて、お父さんはたぶん混乱しているのでしょう。（相手側のステップに「明晰さ」を加える）

教師：では、全員が感情とニーズのステップを終えたので、クイック・コヒーランス・テクニックを使って洞察を得てみましょう。心の中の幸せで平和な場所に着いたら、「この状況から私はなにを知る必要があるのでしょう？」と尋ね、そして答を聴きます。答が来たら、目を開け、それを書き留めます。全員が目を開けたら、あなたのパートナーと洞察について話し合いましょう。

　では、ハートにフォーカスすることから始めましょう。フォーカスする助けになるのならハートに手を当ててもいいです。ハートにずっと意識を降ろして行き、そこに集中します。（教師は一旦止まって、クラス全員がこのステップを終えるのを待つ。）

　そしてまるでハートから呼吸するように、深く、そして

一定のリズムで呼吸しましょう。お腹から息を吸い、ハートを通して呼吸します。（教師は何回か呼吸して見せる。）
　いいでしょう。ではあなたにとって簡単に感謝できるもので、ハートを満たしましょう。（教師は静かに待ち、子どもたちが目を開けるのを見守る。）
　全員が目を開けたようなので、自分の洞察をパートナーと話していいです。あなたの洞察に従いどんな行動をするのか話すことも、必ず忘れないようにしましょう。

メリッサ：私は数学のクラスで最初に分からなくなって、テストで落第点を取ったときのことを思い出しました。その後は、ますます混乱してわからなくなってしまいました。私はもう一度、あの授業を学び直す必要があります。そうなると、今学んでいることを私ひとりでやりなおすのは難しいので、お父さんが手伝ってくれるといいなと思います。

エリック：それについて、あなたはどうするつもりですか？

メリッサ：今夜お父さんに話して、手伝ってくれるかどうかを聞きます。ありがとう、エリック。

エリック：どういたしまして。

　コネクション・プラクティスを日常の暮らしに取り入れることで、子どもたちは親たちのニーズを明らかにする方法を学ぶと同時に、問題解決のためにチームとして働く方法も学ぶ。

コネクション・プラクティスの教育課程

　ここで紹介するのは教育課程の６つのレッスンで、それがそのまま毎日やるコネクション・プラクティス・ゲームになっている。これらのレッスンはどの年齢層のグループにも適応できる。また以下に示しているように、それぞれのレッスンはアクティビティと理解がその焦点だ。

　さらに「共感サークル」と呼ばれるレッスンが加えられている。このアクティビティは、お互いの感情とニーズを聴き、推測する練習のために、生徒たちが一緒に小さな輪になって行う。このスキルに上達するとつながりのプロセス・ゲームに参加する準備ができる。

1．感情・ニーズカード
　　概念：私の感情が私のニーズについて伝えてくれる。
2．クイック・コヒーランス・テクニック
　　概念：私のハートにある安全で幸福な場所とつながる方法を私は知っている。
3．ハート／脳・洞察
　　概念：私はハートに答を聴く方法を知っている。
4．つながりのプロセス・ワークシート
　　概念：私はつながりのプロセスを使って、人生を祝い、問題を解決することができる。
5．共感サークル
　　概念：誰かが私の感情とニーズを推測すると、私は理解してもらえたと感じる。
6．つながりのプロセス・ゲーム
　　概念：パートナーと私は、つながりのプロセスを使ってお互いをサポートできる。（ゲームシートはひとりでも使えるが、ペアにするとより豊かな経験になる。）

アクティビティ	理解
1．感情・ニーズカード	私の感情が私のニーズについて伝えてくれる。
2．クイック・コヒーランス・テクニック	私のハートにある安全で幸福な場所とつながる方法を私は知っている。
3．ハート／脳・洞察	私はハートに答を聴く方法を知っている。
4．つながりのプロセス・ワークシート	私はつながりのプロセスを使って、人生を祝い、問題を解決することができる。
5．共感サークル	誰かが私の感情とニーズを推測すると、私は理解してもらえたと感じる。
6．つながりのプロセス・ゲーム	パートナーと私は、つながりのプロセスを使ってお互いをサポートできる。

　コネクション・プラクティス教育課程にはアクティビティ用教材キットがあり、それにはエムウェーブ・ソフトウェアが含まれていて、子どもたちが教室でパソコンでコヒーランスを練習できるようになっている。教師たちが教材を複数の教室に準備できるように、アクティビティ用教材のテンプレートが用意されている。キットにはそれぞれのレッスンに対応する楽しい歌のCDも含まれている。[i]

　コネクション・プラクティス・基礎コース：パート1を取った教師はこの教育課程キットを購入できる。このスキルは経験を通して学ぶのがベストなので、このキットは教師対象の実践法トレーニングと併せた場合のみ、学校が購入できるようになっている。

---

i. このCDは、www.connectionpractice.org/shop の中の "The Connection Practice in Song" にある。

コネクション・プラクティス・内部研修トレーニングと教育課程キットは、教師たちが教室で毎日使う「社会情動的スキル（SEL）」の基礎を確立するために必要なものだ。生徒たちをこの方法に没頭させるのに放課後プログラムが理想的なのは、毎日放課後プログラムの最初に練習できるからだ。ふたりのラスール、ジャンとハイジは、ミズーリ州ヒックマン・ミルズのバーク小学校のコミュニティ・リンク放課後プログラムでコネクション・プラクティスを紹介した。その放課後プログラムの成功の結果、彼らは生徒たちのプログラムを通常の授業時間に拡大し、教師たちに内部研修トレーニングのプレゼンテーションをすることができた。

　コネクション・プラクティス教育課程が提供しているもの以外に、SELを構成する他の要素もある。しかしプラクティスの効率良いプロセスは、子どもたちや若者たちにバランスや集中力、そして健全な自己尊重の秘訣である人生のつながりのスキルを素早く獲得できる方法をもたらす。睡眠をとったらすぐいじめを止めたガブリエルの話を覚えているだろうか？　彼は自分の問題を効果的に解決しただけではなく、外からの報酬の代わりに、内なる制御の中心に基づく自己尊重の道を歩み始めたのだ。

> 子どもや若者たちは、バランスや集中力、
> そして健全な自己尊重の秘訣である
> 人生のつながりのスキルを素早く獲得する

　プログラムに参加した多くの生徒たちは、コネクション・プラクティスを家庭で使って対立を解決し、親たちがとても驚いたと報告した。前述した放課後プログラムのジャンは、「何よりうれしかったのは、小学4年生の女の子が、夜に家の台所で彼女の母親とおばさんにコヒーランスを教えたと聞いたときです」と話した。もし世界中の子どもたちが自分の親たちにこのつながる方法を教えることができたら、世界はどんなに変わるだろう！

教師たちがコネクション・プラクティスを教えることができるようにサポートする

　子どもたちがコネクション・プラクティスを彼らの親たちに、あるいはいつの日か彼ら自身の子どもたちに伝えていくためには、それを教室で教える教師たちを心からサポートしなければならない。教師たちが、教室では時間がなく SEL を加えられなくても、それに価値を置いていないわけではない。「欠落した部分：社会情動的スキル（SEL）がどのように子どもたちを力づけ、学校を変容させるかに関する全米教師調査」は、教育レベルや学校の種類を超えて、教師たちの SEL に対する支持が本物であることを示している。教師たちのほとんど（96％）が「社会情動的スキル」は教えることが可能であると信じており、97％が SEL は裕福でも貧しくても、あらゆる階層の生徒たちに有益であると考えている。[45]

　コネクション・プラクティスの現実的な取り組みが、教育者たちによって一貫して推し進められている。多くの教育者たちは高い関係性・感情の知性を持っているが、そうであってもなくても、コネクション・プラクティスはそれを高め、生徒たちに伝える明快な方法を彼らに与える。カリフォルニアのある教師は「それは私の真実にすぐに届くので、相手とつながることができます。感情を知的にコントロールする方法を今ようやく学んでいます。私が人生を通して苦労してきたことです」と語っている。

　この学びを教室で伝えることで、教師たちは高度な感情的安全性を創造し、生徒たちに「あっ、そうか！」という気づきの瞬間をもたらすことができる。生徒たちもまた、いじめや非行といった彼らのためにならない行為を変えていく方法を学ぶ。

　米国で私が行った最初のコースを取った教師のリンダは、その数週間後に手紙でこう書いてきた。

> 私は教室で共感を与えていますが、とくに私はコネクション・プラクティスの初心者なので、その結果に驚いています。今朝、二人の8年生がいまにも殴り合いのケンカになるという場面で、私はプラクティスを使って介入しました。それが平和な解決に至ったことに、今も思わず微笑んでいます。コネクション・プラクティスの効果です。

　リンダはさらに学びを続けてラスールになった。教師たちと学校経営者たちがつねに生徒たちの「社会情動的スキル」を養えば、彼らの仕事はもっとやり甲斐のある楽しい仕事になる。
　生徒指導員は、生徒と親たちのカウンセリングにコネクション・プラクティスを利用できる。テキサスのある指導員はコネクション・プラクティスを学んだ後、さっそく小学校での面談の主要なツールとしてプラクティスを使い始めた。生徒と親たちに対立がある時は、いつでも感情とニーズカードが非常に有効であることを彼女は発見した。カードを使えない場合はリストを使った。子どもたちが共有した洞察にも驚かされた彼女は、プラクティスが状況を解決するのに役立つ度に、その成功を校長に報告した。やがてコネクション・プラクティスによって学校で起きている変化に、誰もが気づくようになった。
　教師、指導教員、学校経営者たちがこのレベルで生徒たちと対話する方法を学んでいれば、その健全な関係性・感情の学習環境による多くの恩恵によって、この方向でやって行こうという気を彼らに起こさせるだろう。結果として、より多くの若い人たちが暴力に走る代わりに、より賢明な選択をするだろう。コスタリカのホゼ・ボリオ学校の教師であるルースはそれをこう語った。

> 私たちは状況を変えたいとよく思いますが、その方法が分かりません。コネクション・プラクティスは私たちにどうしたら変われるかを教えてくれます

「アルベルト・アインシュタインが、狂気とは同じことを繰り返しながら、異なる結果を期待することだと言ったのを覚えています。私たちは生徒たちと同じことを続けながら異なる結果を期待することはできません。私は彼らに単に学業だけでなく、感情をコントロールする知性を獲得することで成功してもらいたいと思います。私たちは変えたいとよく思いますが、その方法がわかりません。コネクション・プラクティスは私たちにどうしたら変われるかを教えてくれます」

コスタリカの成功を示す評価

私たちは2004年から、コネクション・プラクティスを学校教師、生徒指導員、親と子どもたちに教えている。私の心からの願いは、それが世界中の教室で教えられるようになることだ。それを可能にするために、私たちはコネクション・プラクティスの影響を測定することを試みた。ポジティブな感情とより良い選択をもたらす明瞭な思考への微妙な変容をどう測るのか？ 理性のない選択を防ぐことに与える影響をどう計るのか？ 事例となる証言を集めることは簡単だったが、それと同時に限られたリソースでできる限りの最良な定量的証拠を集めることに取り掛かった。

2004年、最初のコネクション・プラクティスのプログラムがコスタリカのエリアス・ヒメネス・カストロ学校で実施された。その年の終わりに、94%の教師たちが彼らと生徒たちとのつながり方の改善を報告した。[j]

2005年までに私たちは国連平和大学の大学院生とスペインのバロセロナ大学の博士課程生徒を採用して、同じ学校でこのプログラムの評価をした。2005年度始めと年度末に提出された教師調査結果を比較した次頁の表にある年度末の結論を見て、私たちは大喜びした。教師たちはこれらの文章にどれだけ同意するか質問された。

---

j. コスタリカの学年度は2月に始まり11月に終わる。

第6章　家庭と学校でのつながりを作る

1．私は穏やかな気持ちです。
2．私は怒りを表さないで内的に処理します。
3．私は対立を創造的に解決します。
4．私は対立の間の感情を特定します。
5．私は対立の間の感情を表します。
6．私は自分のニーズを特定できます。
7．私は対立の間のニーズを特定できます。
8．私は対立の間の私のニーズを表します。
9．私は私のニーズを満たすリクエストをします。
10．私は相手の感情を特定できます。
11．私は相手が感情を特定することをサポートします。
12．私は相手のニーズを特定できます。
13．私は相手がニーズを特定することをサポートします。
14．私は相手がニーズを満たすリクエストをすることを
　　サポートします。
15．私は教室で非暴力的な方法を使います。

　それぞれの選択に下図のような評価が与えられた。15の質問ごとの評価はすべて加えられて各質問への総合評価になっている。質問への最高得点は145ポイント（もし全員が「いつでも」と答えれば、29人の教師たち×5ポイント）だった。

1	2	3	4	5
全く無い	たまに	ときどき	良くある	いつでも

　この評価をグラフにしたものが次図である。教師たちがすべてのスキルで著しい進歩を遂げたのを見るのは感動的だった。

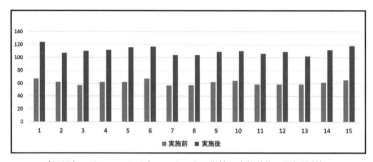

（2005年エリアス・ヒメネス・カストロ学校の実施前後の評価比較）

　私たちはコネクション・プラクティスの生徒たちへの影響も同様に測定したかったが、コスタリカの公立学校でそれを実施するのは非常に困難であった。2006年、私たちの資金提供者の開発ビジネス協会（AED）の要請で、私たちは最初の学校を離れ、問題のある地域の学校に集中して取り組むことになった。

　私たちがエリアス・ヒメネス・カストロ学校を離れた後も、コネクション・プラクティスが影響を与え続けるのかどうか、ボランティアのひとりは半信半疑だった。そこで彼女自身の提案で、1年後に再度教師へのインタビューを行った。驚いたことに、教師たちは学校でその後も良い影響が続いていると報告したのだ。

- いじめや暴力が減少した。
- 不寛容さと対立が減少した。
- 生徒が自分たちで対立を解決した。
- コネクション・プラクティスが学校全体に影響を与えた。

教師たちはまた、個人的生活で続いている良い影響も報告した。

- 自己尊重の向上
- 他者とのコミュニケーションの改善
- 自分と相手への共感力の向上

例年の外部機関による評価調査で、引き続き私たちのコスタリカのプログラムが評価された。ある未発表の研究は不品行の報告がほぼ半分になり、別の研究は教師間や教師と校長との関係が顕著に改善されたことを示した。私たちがコネクション・プラクティスを学校に紹介する度に、健全な関係性と感情の環境に寄与する新たな方法が発見される。

教育者への影響

ある日、1週間のコースのために私たちの本部に到着していた教師たちが憤っていることに気づいた。彼らは明らかに学校管理者から強制的に参加させられていた。私たちは彼らに共感し、彼らが去ることも留まることもできると説明した。彼らはそのまま留まった。コースの最終日、ひとりの教師が言った「最初はここには来たくなかったのです。でも今はまったく離れたくありません」

下にあるのは、コネクション・プラクティスを学ぶことへの教師の反応の表である。2008年度に、195人の小学校教師たちが

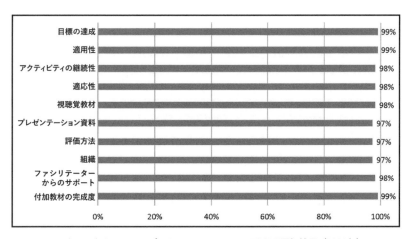

195人のコネクション・プラクティス・コースのFOCAP評価結果（2008年）

私たちの40時間コースを取り、教育省のFOCAPと呼ばれる公式評価を終了した。これらの評価は、給与の増加につながる教育単位の継続のために必要とされる。教育省によれば、先のグラフに示されたように、このコースは私たちの予想をはるかに超えてうまくいった。

　ある時、公立学校教師たちの40時間コースのひとつを開催中に、本部から美しい蘭の花がなくなった。私たちはこれを共感と正直さの両方の良いモデルにするチャンスと捉えて、蘭がなくなったことを公表した。それから私たちは、それが誰であろうと、持って行った人に共感を表し、その人に誰にもわからない場所に戻すように求めた。

　これに対して多くの教師たちは、怒りとこの人物が彼らの職業にもたらした恥について憤慨し、批判を口にした。私はそれに応えて、対立に思いやりで対応するというある部族について聞いた話を披露した。その部族の誰かが他の人を傷つけるようなことをすると、彼らは輪になってその真ん中にその人を置き、彼らが理解できるように、彼らの心に起きていることをわかち合うように求めるのだ。

　私たちがこの話をすると、教師たちのエネルギーが完全に変わった。彼らは同僚の感情とニーズを想像し始めた。その後、花を盗った人がそれを戻しに来て、トレーナーたちの対応したやり方に対して深い感謝を表した。彼女は、自分の家には美しいものがまったくなく、それを変えたいとどれほど望んでいたかについて話した。私たちは彼女にさらに共感し、そして蘭も与えた。この後、彼女は彼女の学校で最も熱心なコネクション・プラクティスの提唱者のひとりとなった。私にとってこれは、共感のパワーによって"批判グループ"が"支援するコミュニティ"に変わるのを目撃した初めての経験だった。

　私たちがトレーニングした1,500人のコスタリカの教師たちは、

彼らがコネクション・プラクティスのコースを取ったその年に、彼らの教室で4万人の生徒たちの社会情動的スキルを高めた。彼らは引き続き毎年新しいクラスで教えているので、今ではさらに多くの生徒たちに届いていることになる。コスタリカの教師、イベッテ・ロペスは「既成概念を変え、そしてこのような方法で、あらゆる人間がより良い世界を創造する助けになる重要なプロジェクトに関わるのは光栄です。私は心からこのプログラムに取り組んで、必要な限り続けて行くつもりです」と語った。

　私たちはコスタリカのすべての教師たちにトレーニングを受けてもらいたいと思う。そうすれば、この国は世界中が模範とする国家モデルになるだろう。私たちがこれを達成することが出来たら、子どもたちが元気に成長し、落ちこぼれの率が減少し、結果として全国の暴力が減少するという私たちの理論が立証されるはずである。

コネクション・プラクティスの恩恵を受けるアメリカの学校

　米国についてのニュース報道を聞くと、私の愛する国の人々がどんなに分断され……そしてバラバラにされて……いるのかと心が痛むことがよくある。学校での乱射事件の増加は、現在の絶え間ない紛争の"不透明さ"で道を見失った10代の若者たちの苦しみを反映している。私がコスタリカに住むことを選択したのは、紛争のために祖国を拒絶したためだと思う人がいるが、そうではない。国歌を歌うたびに私は胸がつまるし、のどにそのような愛情のつかえがあるのを知る度に驚いている。2008年からコネクション・プラクティスをアメリカで教えているが、学校での暴力を減らすことが私の決意だ。

　2011年までに、テキサス州教育局が教育単位継続のためのコースにコネクション・プラクティス教育課程を認定したので、教育者たちがコースを取り始めた。私はあるコースで、指導員で心理療法

士でもあるローリ・ブレイディに特に感心させられた。ローリの社会情動的スキルはまるで呼吸するように自然に見えた。彼女は私たちのスキルを吸収し、それを彼女の小学校の生徒たちとの対話に使い始め、そして私たちの最初の公立学校プロジェクトの優れた教師になった。ラスールのひとり、ジュディはローリと協力してアメリカ教育省基準の教育課程を開発し、ヒューストンに近いオークリー小学校でそれを実験した。

実施後にローリは、彼女のコネクション・プラクティスの応用にまつわるたくさんの逸話を提供してくれた。以下はそのひとつだ。

5年生に、対立していて、暴力沙汰になりそうな2組の非行少年グループがありました。私はこれを解決するために彼らを一緒に呼び、初めに彼らをコヒーランスに導きました。それからリストを使ってそれぞれのグループの感情とニーズを黒板に書き出しました。そこで彼らは同じニーズをもっていることに気づくことができました。出てきた主なニーズはコミュニケーションでした。ひとつのグループはスペイン語を話していて、もうひとつのグループの英語を話す生徒たちは彼らが何を言っているのかわからなかったのです。その結果、彼らの間に不信感が生まれていました。グループ間の共通点でつながりを築いた後、彼らが一緒になる時は全員が英語で話すことに同意しました。まもなく彼らのネガティブな感情は消え去り、代わりに友情が育まれました。

ローリは別の対立で思いがけない形で形勢を一変させた時のことも私たちに話した。

ある母親が娘を連れてやって来て、娘が他の女の子にいじめられていると怒って報告しました。私はその娘の感情とニーズを推測し始めました。怖がっているので安全が必

要なのだろうか？　寂しく感じているのでサポートが必要なのだろうか？　私たちが彼女の感情とニーズについて話した後、私は彼女をコヒーランスに導き、彼女は心に洞察を聴きました。彼女は目を開けると、「いじめているのは、本当は私なの……私がいじめっ子よ」と言いました。コネクション・プラクティスが彼女の心を開いたので、彼女は偽りの仮面を捨て、状況に正直に直面することができたようでした。

いじめっ子を批判し恥ずかしめる代わりに、彼らに自分と相手とにつながる方法を教える方がはるかに変化を起こすパワーがある。彼らがその内面的な能力を開発すると、もう他の子どもたちを傷つけることで彼らの優越性を証明する必要が無くなるからだ。

> いじめっ子を批判し、恥ずかしめる代わりに、
> 彼らに自分と相手とつながる方法を教える方が
> はるかに変化を起こすパワーがある

ローリはもうひとつの心を動かされる例を話してくれた。

　5年生のある少年はひどく内気なことに悩んでいました。何か話そうとすると赤面して凍りつき、それからつっかえてしまうのです。彼が自分の感情とニーズに名前をつけ、コヒーランスになることを学んだ後は、まるで別人のようになりました。プラクティスが彼自身の中にある本当の自分とつながることで、彼を解放し自由にしたからです。「コネクション・プラクティスが好きなのは、それが人生をもっと楽にしてくれるからです。ストレスがとても大きい時でも、コネクション・プラクティスで乗り越えること

ができます。実際、それがどれほどうまくいくのかは、びっくりするほどです」と言っています。

私たちは、ローリ、ジュディ、生徒たち、参加した教師たちと校長全員がコネクション・プラクティス[k]の経験を語っているビデオを制作した。[46] ビデオ制作アシスタントのミシェルは、その日子どもたちがプラクティスを使うところを観察することができた。彼女は「今日私が目撃したコネクション・プラクティスによって子どもたちに起きたこと——彼らの変化、自信、正直さ……を、私の友人たちと家族に広めたいと思います。こんなことは今まで見たことがないのでうれしくてたまりません。それは本当に基本的なことなのですが、誠実さにあふれています」と大声で語った。

その日遅くなって、ある生徒が悲しそうに、「お母さんとお父さんがコネクション・プラクティスを知っていたらなあ。ふたりの仕事はとてもストレスが多いから。お客さんの中には両親に怒鳴って、意地悪する人がいるんだ」と言った。この言葉は私にラスールの物語を思い出させる。その中では、子どもたちが山の学校でつながりについて学び、毎晩家に帰ると学んだことを親たちと共有した。人生をどう生きるかを教えるのに、つながりにまさる方法が他にあるだろうか？

オークリー小学校の校長、ペニー・ピーコックは2012年6月に実施したコネクション・プラクティスの経験をまとめて手紙に書いてきてくれた。

> 私は校長として、生徒が感情面、関係性の面、学力面でベストになれるような新しいプログラムをいつでも探しています。私は、4つの学校から該当する生徒たちをひとつの学校に統合して新しい「タイトル1の学校」（政府援助

---

k. 当時は BePeace として教えられていた。

を受ける、低所得者層の生徒を抱える大規模学校）を昨年の秋に開校しました。彼らには皆それぞれのたくさんのニーズがありましたが、それらは私たちには謎でした。私がまずやるべきことは、生徒たち、教師たち、学校管理者たちの間に信頼の土台を築くことでした。それができれば、学力的な成功、友情と安全性、そしてアメリカンドリームを実現する新しい可能性が生まれるでしょう。

……私たちは希望をもって始めましたが、畏敬と感謝の気持ちで終えました。コネクション・プラクティスによって、教師たちとすべての年齢層の生徒たちが障壁を減らし洞察を得る方法を学びました。それは格差を無くし、学校の建物の中と、そして外の世界との感情面、関係性面、学力面でつながりを創造する力を彼らに与えました。このプログラムはそのツールを教えますが、驚いたことは、生徒たちがそれを自分たちのものにして、自分自身の生活に使い始めたのを見たことです。

> このプログラムはそのツールを教えますが、
> 驚いたことは生徒たちがそれを自分たちのものにして、
> 自分自身の生活に使い始めたのを見たことです

このようなたくさんの例にあるように、このシンプルなプラクティスを使うことで、その豊かな経験の恩恵は学校全体に及ぶ。それは、あらゆるタイプのグループ間の対立解決から、自殺防止、そして外からの報酬ではなく内面的な力に基づいた自己肯定感の育成まである。つながりはその接着剤の働きを果たし、それがないと物事はバラバラになる。それがシステム全体に存在すると、その中の人間のニーズと学びを満たす結束した構造をもつことになる。

生徒たちのコネクション・プラクティスの利点まとめ

　コネクション・プラクティスは、課題を克服し、自分たちの行為に責任を持つことを学ぶ中で、生徒たちの人格を形成する。つながりを通して、生徒たちは相手を傷つける自分の行為に気づき、そこから学び、償いたいと思うようになる。結果として、それは厳しい罰則よりも効果的だ。

　私たちは多くの調査研究から、コヒーランスが学力テストの成績を10から25点向上させるので、そのことだけでも、教室でコネクション・プラクティスを利用する理由になることを知っている。生徒たちが彼らの最高の知性を引き出すことを学ぶことで、彼らの生き方が総合的に影響され、彼らはより勇気と力を持つようになる。要約すると、コネクション・プラクティスは、私たちの学校環境における関係性・感情の欠落の根本原因を突き止め、その結果として：

- 内なる制御の中心に基づく自己肯定感を高め確固たるものにする。
- 学ぶとき集中力と気楽さを生み出す。
- 創造性および自己表現と問題解決への直感を養う。
- いじめを防ぎ、非行を減らす。
- 効率的な紛争解決をもたらす。
- テストの点数を上げる。
- スタッフ、教師、カウンセラー間のチームワークを円滑にする。
- 障害を持つ生徒たちを元気づけ、精神的苦痛を持つ生徒たちに安心感をもたらす。
- 効率よくSELを学校で広め、学校環境全体に影響を与える。

　私たちは、何百万の子どもたちと若者たちに内面的にも外面的にもつながるサポートをしたいと思う。私たちの目標は、プラクティスを学ぶためにこのようなサポートを必要としている熱心な教師や親たちがいたら、奨学金を贈ることだ。寄付金や助成金そして私たちの企業向けコースからの資金の一部でこのようなプログラムを作

り、維持することができる。

コネクション・プロセスを家庭で実践する

　コスタリカでは、私たちが関わった学校で定期的に親たちのトレーニングを行った。2章で言及したフロリダのダイアモンド・コミュニティー学校は、親たちとのコネクション・プラクティスも実践している。学校創始者のドリーサ・フィールズ博士の報告だ。

　　ダイアモンド・コミュニティー学校は今夜素晴らしい親たちの会を開きました。カレンと私は、私たちがどうしてこの教育課程を選んだのかを話しました。それから先生たちが生徒たちととてもうまくいった話をしてキットの内容を説明し、それを学校でどのように使っているのか話しました。親たちはこのプラクティスが子どもたちにとても良い効果を与えていることを知ってとても喜んでくれました。
　　素晴らしいニュースは、私たちが親たちにコネクション・プラクティスのトレーニングに参加することに興味がありますかと聞くと、圧倒的で熱烈な"是非、参加したい！"という声があがったことです。

　親たちがプラクティスを学ぶと、彼らはすぐに家でそれを使い始めることができる。ひとりの親であるカヤは、プラクティスで彼女の家族がどう変わったかを説明してくれた。

　　私の娘のステラは7歳です。ある日、彼女が学校から帰ると悲しい顔をしているのに気づきました。私は「ステラ、私が感情とニーズカードを練習するのを手伝ってくれる？」と尋ねました。彼女が「やってもいいよ」と言うので、私は彼女の前にカードを並べて、「何があったの？」と尋ねました。

彼女は「リナとエリカが休憩時間に私と一緒に遊んでくれないの。私が近寄ると走って行ってしまうの」と言いました。これがもう２ヶ月も続いていたのです。ステラがとても傷ついているのが分かりました。

「じゃあ、このことであなたがどう感じているのかちょっと想像してみるわ。悲しい？　傷ついている？　寂しい？」。ステラは自分の感情に合ったカードを取り上げ、それから私たちはニーズカードに進みました。私は彼女のニーズをいくつか推測しました……大事にされること、聞いてもらうこと、受け入れられること、そしてサポートです。

すると彼女は椅子から飛び上がって言いました、「そう、そう、そうよ！　それなの。私はサポートが必要なの」。彼女はカードを私から取り、それを彼女のハートに押し当て、それにキスしました。彼女がそのニーズを特定したことですっかり解放された気分になったことに、私は驚きました。私は、学校で誰かサポートしてくれる人はいるかと聞くと、彼女は遊び仲間の少年と先生の名前をあげました。

この後、ステラと私は新しいコミュニケーションの方法を持つようになりました。泣き言や激しい怒りの爆発は無くなりました。朝、私は彼女に今日１日元気にやっていくのにどんなサポートが必要かを訊きます。そして１日の終わりに、私たちはその日どうだったか彼女の感情とニーズを探しました。この大きな変化にとても感謝しています。

２週間後、リナの母親が家族で日本に帰る支度をしていると私に言いました。そして自分たちが直前に迫った引越しの荷造りに集中できるように、リナを私たちの家で１日遊ばせてくれないかと私に尋ねました。私がそのことをステラに言うと、彼女はひどくためらいました。うまくいかないことを恐れたのです。私は彼女につながるように励ましました。特にリナは日本に帰ることになっていて、これが仲直りする最後のチャンスだったからです。

ステラは一緒に遊ぶ日が来るまでとても緊張していて、それを態度に表していました。私は彼女の感情とニーズを推測し、リナと一緒にその問題を取り上げたいのかと尋ねました。彼女は私にそうなるようにサポートしてほしかったのです。

　リナが到着すると、私は少女たちをキッチンに呼んでパンケーキを作る手伝いをさせました。私たちが料理をしている間に、私は休み時間についていくつか質問をし、私が子どもの時に誰も一緒に遊ぶ仲間がいなかったのが、どんなに恐く感じたのかを思い出しました。ステラがトイレに行った時、私はリナに仲間はずれにされたと感じたことがあるかと聞きました。彼女はあると答え、私はその時に彼女がどのように感じたのか、何を必要としたのかを推測しました。それから私はステラが休み時間に仲間はずれにされたと感じ、それが悲しかったことを話しました。そしてその後はそのことには触れませんでした。少女たちはその後の1日を楽しく過ごしました。彼女たちがさようなら言う時、ふたりはお互いに抱き合いました。

　2日後玄関のドアにノックがあり、そこにリナと彼女の母親が立っていました。彼女の母親と私が数分話している間に、リナはステラに封筒を渡し、そして去って行きました。ステラがその封筒を開けカードを取り出すと、リナの手書きでこう書いてありました。

　大切なステラへ

　いつも友達でいてくれてありがとう。ごめんなさい。しばらくあなたを仲間はずれにして、エリカとだけしか遊ばなかったかもしれません。日本にいてもあなたのことは決して忘れません。
リナより

この素晴らしい成り行きにステラの顔に浮かんだ驚きの表情を見て、私はとても心を動かされました。彼女は全身で大きな吐息を漏らすと、解放感の涙で泣き始めました。自分自身で相手とつながることを学んだことは、これからの彼女の人生にとても役立つことでしょう。

　また、もう一人の親であるベメリッサは、子どもたちとの典型的な挑戦にどう対応しているかを話してしてくれた。それは宿題問題だった。

　私がコネクション・プラクティスを学んだ後、それがとてもシンプルであることに気づき、11歳の娘のアナベルに簡単に伝えられるだろうと思いました。ある晩、彼女はたまった宿題を整理するのに手こずっていました。やらなければならないことがたくさんあるのにぐずぐずしていて、どこから始めていいのかわからなかったのです。私は彼女に、助けになるかもしれないことがあるのだけれどやってみるかと聞きました。彼女は「うん」と答えました。
　私は彼女に感情とニーズカードを見せました。彼女は感情カードをめくり、すぐに彼女の状況にぴったりのカードを何枚かを見つけました。彼女はイライラし、混乱して、圧倒されていました。それから私は彼女のニーズについて聞きました。彼女はカードをより分け、気楽さ、秩序、平和と言うニーズを見つけました。
　私は、彼女の感情とニーズを伝え返してから、彼女が楽しく、何も心配がなくてポジティブな気持ちを持った時のことを思い出すように言いました。彼女はプールに行ってウォータースライダーに乗って下りた時のことを話しました。彼女は夢中になったその瞬間を思い出しました——何もする必要がなく、心配もありません——一番下まで滑り落ちる乗り物の楽しみと興奮の気持ちです。

私は彼女に目を閉じ、気楽さ、秩序、平和をつくれるような方法を心に聴くように言いました。彼女が目を開けると、洞察を話すか、絵に描くかと尋ねました。彼女は洞察を絵にしました。彼女のロフトベッドの下に囲いがあり、テーブル、椅子、ランプの周りがぐるりと砦の様に囲まれています。これが彼女が宿題をするために必要なスペースだったのです。それから彼女は、宿題の期限と内容の難しさに基づく優先リストを素早く書きました。私たちは一緒に彼女のロフトベッドの下のスペースにぐるりと毛布を敷きました。彼女は小さなテーブルと椅子、デスクランプを持ってきてロフトの下に置きました。彼女は宿題と筆記用具をすべてそこに並べ、優先リストを取り出しました。それから私に、「部屋を出て行って、でも呼んだらすぐ来れるところにいてほしい」と言いました。

　私は20分ほどして彼女を見に行きました。彼女は宿題に取りかかっていました。そしてもう少し、時間をくれるようにと私に頼みました。やがて彼女はその囲いから出てきて、翌日の期限のものはすべて終えたけれど、その翌々日の期限の数学は助けが少し必要だと言いました。私たちは数学の宿題を一緒に進め、残りは翌日に残しました。気楽さと秩序を創造した彼女は、その日を幸せな気持ちで平和に終えました。

　数週間後、彼女は学校での対立について話してくれたので、私はどのようにそれを解決したのかと尋ねました。彼女は、他の子たちに親切にしようとしているのに、それが難しくできない時は、感情とニーズカードを使ったことを思い出し、それから、ウォータースライダー乗りのことを思い出して——と言ったのです。

　親と教師が、子どもや若者たちと一緒にコネクション・プラクティスを使うようになると、次世代の可能性をフルに実現する確実

な基盤が創造される。マハトマ・ガンジーは「明日死ぬと思って生きなさい。永遠に生きると思って学びなさい」と言った。コネクション・プラクティスがもっと多くの学校や家庭で実践されるようになれば、どれほど若者たちが全力で生き、学ぶ助けになるかを想像してほしい。

この章のまとめ

1. 社会情動的スキル（SEL）のプログラムに参加する子どもたちは、学びを妨げるような危ない問題行動に関わることが少ない。

2. 毎朝10分間のプラクティスは教室で問題になっている行為を減らし、学力も向上させることができる。それと同時に、子どもたちは自分たちが大事な存在であること、相手の心身の健康にも貢献できることを学ぶ。

3. つながりの欠落が、落ちこぼれの最大の理由のひとつである。

4. 生徒たちと「つながりのプロセス・ゲーム」をすることで、彼らに内なる制御の基盤を持つことを教え、結果として揺るぎない自己肯定感が養われる。

5. 親たちは「つながりのプロセス」を使って、子どもたちが問題を解決するサポートをすることができる。

第7章

ビジネス、非営利団体、政府、高等教育でのつながり

▌ビジネスと非営利団体の対立コストの削減

　世界人的資源報告書が9カ国で行った研究によれば、従業員の多く（85％）が職場での対立を経験していることを示している。また、米国の研究では、従業員たちは週に2.8時間を対立に費やし、それは給与の支給金額に換算すると約3,590億ドルに相当する。[47]

　ビジネスが対立予防と解決に積極的だと、そのビジネスに関わる誰もが恩恵を受ける。従業員たちは大事にされていると感じ、マネージャーたちはパワーを得たと感じ、顧客たちは尊重して扱われ、病欠や離職率の減少、そして従業員たちの生産性が向上しビジネス収支が改善する。

　コネクション・プラクティスは、「関係性と感情の学習」を日常的に職場に導入することで、このような利点を達成する現実的で効果的な方法を提供することができる。そしてプラクティスで、従業員たちの間に親密さと感情的安全性がもたらされることによって、会社の使命により忠実になり、変化への抵抗が減少する。

　プラクティスを学ぶと、従業員たちは対立が生じる前にそれを止

め、お互いがより親密になるような解決法を上手に導き出せるだけでなく、いつでも最良のアイデアを引き出す方法も学べるようになる。総合的な効果としては、個人が解放されることで、より高いレベルの能力を発揮できるようになり、かつてないような気安さで変化を乗り超えることができる創造的、協調的な文化が会社内に築かれる。ラスールたちはそれぞれのビジネスのニーズに合わせたコネクション・プラクティスを提供し、そこにコンサルティング、コーチング、各コース、リトリートなどをアレンジすることできる。

私たちの組織、ラスール・ファンデーション・インターナショナルでも、私たちが教えていることを実践している。役員理事、スタッフ、ラスールたちは、コネクション・プラクティスを使って必ず誰もの意見を聴くようにしている。時々、ラスールと従業員たちが役員会と私の決定に不満を持つことがあったが、私たちはコネクション・プラクティスのルールを守り、そのような状況が傷つけ合う対立になるのを防ぐことができた。

同時に、誰もがそうであるようについカッとなってこのスキルの実践を忘れることもある。プラクティスも同様だ。私たちの目的を明確にするために対立解決に関する合意をつ

> ビジネスが
> 対立予防と解決に
> 積極的な姿勢を示せば
> 誰もが恩恵を受ける

くって、ラスールの一人ひとりが署名している。それには、問題がある相手のところに直接行き、つながりのプロセスを使うとも書いてある。もし問題の解決にさらにサポートが必要な場合は、つながりの調停を行うことに合意している。この合意が実際に実行されることはなかったが、それは私たちが教えることの具体的な骨格の一部として役立っている。

私たちは総合的叡智から最善のアイデアを得るためにもプラクティスを使う。たとえば、プラクティスに新しい名前が欲しかったとき、私たちの組織の一人ひとりに心に洞察を聴くように求め、そしてそれらのアイデアを共有した。その結果として、コネクション・プラクティスという名称に辿りついた。私たちの仕事のエッセンス

をシンプル、的確に捉えている名前だ。そして私たちはこの変更を何の反対も対立もなく行った。

　他の非営利団体も、コネクション・プラクティスが彼らの目的にとても適っていると感じている。初めの章で話したダラスにある依存症回復センターのネクサスは、スタッフ全員のトレーニングに取り入れている。ダラスにある家庭内暴力に取り組んでいる有数の非営利団体、ファミリー・プレイスもトレーニングプログラムに取り入れている。これらの団体は、コネクション・プラクティスがクライアント（依頼人）とスタッフ両方にとって効率的な仕事ができる革新的で科学的に実証された取り組みであることを見出している。

ビジネスマンが内にも外にもつながる＝より良い結果

　私はここ何年もの間、ビジネスマンに彼ら自身の仕事場で、そして私たちの一般コースで、コネクション・プラクティスを教えている。私の最初の経験は、アライアンス・フォー・エクセレンスの社長であるキャロル・ギャラハーと一緒にダラスでゴーイング・トゥー・ザ・トップのセミナーの中で、キャリアウーマンのためのワークショップを行ったことだ。ほんの3時間で女性たちは心を開き、抑えていた感情とニーズを特定し、負担となっていた感情を拭い去ることでより良い決定ができるようになった。

　時には、ビジネスの世界ではコネクション・プラクティスに興味など持たないだろうと言われるが、私はそのような経験をしたことがない。ビジネスの場で基本的なプラクティスのプレゼンテーションをすると、いつでも参加者たちはとても喜んで聞いてくれる。私はコンピュータチップの巨大メーカーのインテルから、コスタリカの有数な病院のシーマ（CIMA）に至るまで、多様な分野の企業でコネクション・プラクティスを紹介している。

　1章で、国際的開発改良と地域能力育成の世界的なコンサルティ

ング会社の CEO であるアニータ・キャンピオンについて話した。彼女のスタッフたちが 12 時間コースを受講した数ヶ月後、彼女は私に報告をしてくれた。

　このコースによって、目に見えないところで影響を及ぼしている問題を明らかにすることができました。おかげで、私はスタッフの動機とストレスをより理解できたので、より良い責任者になれました。ある従業員は自分のアジア系文化での育ちが彼女のコミュニケーションの方法に影響を与えていると説明しました。別の従業員は、家庭からのストレスの原因について話したので、私は彼女が負い目を感じていることを理解できました。

　私たちは月曜朝のミーティングでコネクション・プラクティスをずっと使っていますが、おかげで週末明けでも頭脳を再び集中させて課題に取りかかれるようになっています。私たちのコースで持ち上がった問題のひとつは、私たちの会社名 AZMJ を変えたいということでした。それで私たちはハート／脳・洞察を利用する方法を学んだので、そのプロセスを使って新しい名前を探ってみました。もっとも新人の従業員が彼女の洞察を共有したとき、最適の名前が見つかったと私たち全員は明らかに感じました。国際開発への最大の貢献のひとつがつながりとパートナーシップを築くことにあると確認した後、オペレーション・マネージャーがラテン語の辞書で「コネクサス（Connexus）」という言葉を見つけました。それは「つながる構造体」という意味だったので、その言葉は私たち全員の間ですぐに響き合いました。

　コースによって私たちはビジネスの名前を見つけることができただけでなく、そのプロセス全体で私たちのチームとしてのつながりを強めることができたのです。トレーニングの数週間後、ある従業員が仕事で出張することになっ

ていましたが、彼は家族の突然の訃報を知りました。チーム全員が結集して彼を支え、新たに身につけた共感を与えるスキルを使い、彼が家族と一緒に過ごせるようにサポートしました。その後彼はこのサポートに何度も感謝しました。彼は職場に戻ってからも充分に力を発揮し、今までにも増して国際社会の変革に取り組んでいます。

　私にとっての大きな学びは、ビジネスが強くなるためにはすべての部分が最大の能力で機能していなければならないということです。ほとんどのビジネスでは、さまざまな要素の中で従業員たちこそが最重要な部分です。コネクション・プラクティスによって、私たちは複雑な存在としてお互いをあるがままに見ることができたので、一体感あるチームとして最適に機能できるようになりました。

> コネクション・プラクティスによって、
> 私たちは複雑な存在としてお互いを
> あるがままに見ることができたので、
> 一体感あるチームとして
> 最適に機能できるようになっています

リーダーの自己強化とコーチング

　ビジネスにおけるリーダーたちがさらに一歩先に進み、日々の課題に取り組む方法としてつながりのプロセスを個人的に取り入れると、より多くの恩恵を受けることができる。アニータはこう説明している。

> 　つながりのプロセスは私の個人的生活と仕事の場で役立っています。私は、多動性障害と診断されている7歳になる息子と一緒にプロセスを使っています。彼が感情に名

前をつけるのを手伝うことで、私たちは建設的な方法で彼のニーズに一緒に取り組むことができます。

　私は仕事で問題があると、つながりのプロセスを考え方を整理する方法として使っています。最近私たちの出張における日当規約について、スタッフと私の間で誤解がありました。スタッフは、妥当な金額だと感じる交通費を請求したいと考えていたのを知り、私は動揺しました。それと同時に、私は会社設立以来最大のボーナスを支給したばかりだったので、腹立たしく感じ、理解と感謝が欲しいと思いました。私はつながりのプロセスを使ってこの状況を振り返りました。すると問題は、実はお金に関することではなかったということがわかりました。明確で一貫性のあるルールが必要だったのです。

　私はスタッフに手紙を書いて、コミュニケーションが上手くいかなかったことを認め、これ以上の混乱を避けるために規約を正式なものにするつもりだと説明しました。私は一人ひとりがとてもよく働いてくれていることに感謝し、何か他に根底にある課題があれば、外で昼食をとりながらそれについて話し合うことを提案しました。その結果、チームは誤解を避けるために、これからはもっとオープンに話し合うことに同意しました。

Staff of AZMJ, now known as Connexus
AZMJ（現在はコネクサス）のスタッフ

ラスール・インターナショナル・ファンデーションのCEOとして、私はつながりのプロセスを使うことが、ビジネスにおける最大の課題のひとつである改善処理に役立つことを知っている。ある日私は、組織人事での大きな変革に私と一緒に取り組んでいた共同経営者であるジョンと会う準備をしていた。ジョンは非協力的になりがちで、やがてそれが非難に変わり、私に対して否定的な意見を述べた。私は今回、彼と会う前につながりのプロセスの最高のパワーを使おうと決心した。私はワークブックにある感情とニーズリストをよく調べ、それらを書き留めた。

私の感情：悲観的、怒っている、疑わしい、緊張している

私のニーズ：尊敬、感情の安全、信頼、希望、進歩

　それから、ジョンの感情とニーズを想像して書き留めた。不安でイライラしているのは、彼は気楽さ、安全、理解、大事にすることを求めていたからだ。

　私はコヒーランスに入った。すると答えがすぐに来た、「少ないほうが良い（過ぎたるは及ばざるがごとし）」。私はこの洞察に驚いたが、ノートを見て気がついた。私はあまりにも多岐にわたる計画を立てすぎていたのだ。それで言葉をどう少なくして、リクエストを簡略化することができるか注意深く考えた。
　打ち合わせで彼が気がかりに感じていることを話しているとき、私は敬意をもって聞き、ジョンの感情とニーズをさりげなく推測した。会話の間、彼は「そう、その通り」とか「確かに」と言っては、頷いて、何度も肯定的に答えた。共感が届いていたのだ。私が最後にリクエストを伝えると、今回、彼は私の考えを否定しようとはしなかった。その代わりに、彼は「大丈夫、私たちにそれはできますし、別の方法であなたを助けることもできますよ」と言った。私たちが別れの挨拶を交わした時、私は本当の温かいつながりをジョン

との間に感じた。ジョンを深いレベルで聞くことによって、彼は心を開き、私たちは前に進んだのだ。

ビジネスリーダーたちがコーチと組むと、とくにつながりのプロセスの恩恵を得やすい。私たちがコスタリカの非営利団体であるラスール・ファンデーションの役員を募集している時、私はその事実を目撃する機会に恵まれた。私は、元文化省大臣で、現在国立銀行の主任コンサルタントを勤める、私の知人でもあるカルロス・フランシスコ・エチェベリアに電話を掛けた。彼は「今は忙しくて関われません」と申し訳なさそうに言いながらも、私たちのプログラムについて知りたいと言ったので、私は彼と会うことになった。

彼が来ると、私はすぐ共感、コヒーランス、洞察について彼に教えた。そして彼に取り扱いたい問題が何かあるか尋ねた。カルロスは新しい国立スタジアムの役員会を終えてきたばかりでひどく気疲れしていた。そのスタジアムで問題が起こり、ひとりのジャーナリストが経営管理について公に批判をしていたからだ。

カルロスはテーブルにある感情／ニーズカードを眺め、心に響いた感情を取り上げ始めた。困惑している、苛立っている、怒っている、疑わしい。私は、彼のニーズが、意図を理解してもらう、社会への貢献、公正さ、直接の対話ではないかと推測した。そして彼にそのジャーナリストの感情とニーズを推測するように言った。彼は、この男性が動揺し、腹を立てていると感じていて、そして意図を理解してもらう、社会への貢献、大事にされることが必要なのだろうと想像した。するとカルロスは少し落ち着いたように見えた。

私はカルロスをコヒーランスに導いて、洞察を聴くように言った。彼が目を開けると、何が来たかと尋ねた。彼は「何も洞察は来ませんでしたが、非難する気持ちはもうありません。もううまく対応できるでしょう」と言った。カルロスのコーチングはわずかな時間しかなかったが、そのプロセスは彼の感情を効率的に変えた。その経験の後、カルロスは私たちの役員会の副代表になることに同意してくれた。

組織の統合

組織が時間とお金を掛けてコネクション・プラクティスをその向上トレーニングの一環に取り入れると、その恩恵は多大だ。それは対立防止と解決をもたらすだけでなく、重要な財務決定と経営戦略の計画にも使える。経営コンサルタントのジェフはそれをこう説明している。

> それは戦略と問題解決への異なる取り組みです。以前の私の職場では、問題が提示されて、みんながそれに対して異なる意見を出し合うというものでした。結論を出すことが難しいということがよくありました。コネクション・プラクティスでは、私のニーズをはっきり自覚し、グループのニーズを考慮できます。状況にそのような配慮を加えるだけという点が、このプラクティスが有効的な解決や戦略を得るためのはるかに簡単な方法であることを示しています。

経営管理リーダーたちは、従業員たちがこの新しい取り組みを受け入れることに前向きであることに気づくだろう。ビジネス開発スペシャリストのキムは、「戦略開発トレーニングの中でコヒーランスを使い洞察を得るのがとても楽しかったです」とコメントした。

ビジネスで最も困難な状況のひとつが従業員の解雇やレイオフ（一時解雇）だ。私は、新たに雇用した従業員であるダイアンの協調性の欠如に驚いたときのことを覚えている。ダイアンと私は、彼女がラスール・ファンデーションで働くようになる以前からの親友だった。今、ダイアンは与えられた仕事にことごとく反対し、不満でいっぱいのように見えた。私は彼女を辞めさせる必要があったが、彼女との友情は失いたくなかった。コネクション・プラクティスを使って、私は感情と進歩のためのニーズを特定し、まず自分自身からワークし、そしてダイアンの感情とニーズを推測した。

それからダイアンと会って彼女に共感を申し出た。彼女は心を開き、「私の父親はとても厳しい権威主義者でした。それで私は権威をもつ人たちとはうまくいかないのです。上司とうまくやっていくことがなかなかできません」と言った。自主性への彼女のニーズは私の進歩へのニーズと同じように強かった。
　私たちの次のステップは、コネクション・プラクティスを使って洞察を得て状況を改善することだった。ダイアンが得た洞察は、彼女が従業員としてではなくボランティアとして関われば、純然たる選択という認識を保てるということだった。その結果、彼女は生活の糧を得る手段をほかに見つけ、10年以上教育課程開発責任者としてラスール・ファンデーションのためにボランティアで多大な時間を費やしてくれている。彼女の自主性がそのまま保たれ、私たちは親密な友情を大事にしながら一緒に進歩している。
　しかし、ここでうまくいった事は、この後起きた事に対しては同じようにうまくはいかなかった。2009年私たちがコスタリカでの財政支援を失って、私は従業員のほとんどを解雇しなければならず、そのことで彼らが怒って去って行ったことがあった。当時はこのような感情的な混乱を防ぐのに十分なスキルを、私はまだ持ち合わせていなかった。
　しかし、2013年に再び資金不足になったときは、それまでに学んだ教訓から、今度は違ったやり方で解決しようと心に決めた。私はアンドレス・ヒメネスをレイオフしなければならなかった。私たちのトレーニング・コーディネーターとして素晴らしい人材だった若者だ。このがっかりする状況に一緒に直面しても、私たちはお互いに共感と正直さを与え合い、つながりを保つことができた。私たちはお互いに連絡を取りつづけた。コネクション・プラクティスのお陰で、このような困難な状況にあっても、お互いの敬意を保つことが私には難しいことではなくなった。
　私はビジネス・リーダーとして、人を扱う能力とビジョンある思考をもつことが必要とされる。プラクティスはこの2つの面を統合することで、私が同僚たちと共感し、前向きに進む道を見極められ

ようにしてくれる。この取り組み方は驚くほど、効率的であり、深い満足を与えながら状況を改善する。しばしば私たちはつながりを達成するためにゆっくりと進めなければならないが、このプラクティスから生じる明晰さと協力の結果、時間を節約することになる。練習すればするほど、成功する確率は高くなる。

つながりをもつ従業員を雇う

　雇用を求めている人たちもコネクション・プラクティスを学ぶことで恩恵を受ける。フォーブズ・マガジンの寄稿編集者で4冊のビジネス書の著者であるジョージ・アンダーズは、"2020年のナンバーワン職業スキル"という彼の記事の中で、共感がそのスキルになるだろうと予測した。アメリカで20％のより多い雇用が予想される急成長職種には、フィットネス・トレーナー、マッサージ・セラピスト、認定看護士、理学療法士、学校専属心理カウンセラー、個人音楽教師、保育園の教師、言語聴覚士などがある。アンダーはこれらの職業を結ぶ糸は共感だと指摘している。[48]

　しかし共感のトレーニングを提供している教育プログラムはまだほとんどない。ラスールのエレンは、ワシントンDCの権威ある非営利団体のポトマック・マッサージ・トレーニング学校でコネクション・プラクティスを教えてはどうかと提案することにした。エレンと私はCEOのタム・ジェルマン、教育責任者のティム・フィッシャーと会い、プラクティスを説明し、マッサージ・セラピストが私たちのコースで教育課程単位を継続して取得する可能性を探った。

　数週間後、ティムはつながりを最優先に進める彼らのプランを伝えてきた。彼は「私たちは生徒たちに優れたコミュニケーションスキルを教えることを最重要と考えています。特にテクノロジーによって人間関係のつながりがネガティブな影響を受けていることがあるからです。コネクション・プラクティスには、私たちのトレーニングプログラムに重要なたくさんの価値ある要素が入っていま

す。私たちはコネクション・プラクティスを支援して、私たちの学校だけでなく広くコミュニティも使えるようにしたいと思います」と言った。今、その計画が実施されている。

　ダニエル・ゴールマンが「情動的知性」（Emotional Intelligence）を日常語にして以来、その概念はビジネス界に行き渡り、従業員たちに「社会情動的スキル」を築く意欲をもたらしている。ゴールマンは彼らに、「もし感情のコントロール能力がなく、もし自我の目覚めがなく、もし悩む気持ちに対処できず、もし共感を持てずに効果的な人間関係が築けなければ、どんなに優秀でも何も成し得ないだろう」とアドバイスしている。[49]

　ハーバード・ビジネス・レビューは「情動的知性」を、"革新的、パラダイムを打ち砕くようなアイデア" として "この10年来でもっとも影響力あるビジネス・アイデアのひとつ" として絶賛した。[50]ドレイク・ベイヤーは『情動的知性が仕事の成功を予則する』の中で、それがどうして職場で大事なのかを語っている。

　　化粧品会社の最大手ロレアルが販売員の採用過程に「情動的知性」を重要視し始めたことを考えてみてほしい。高いEQ（「心の知能指数」）で採用された者たちは、同僚たちよりも9万ドル以上売り上げを伸ばした。その上、高いEQの従業員たちは通常通りに選ばれた販売員たちよりも63％低い離職率だった。このことと他の研究から、「情動的知性」が人々と彼らが働く会社に成功をもたらすことが示される。[51]

　コネクション・プラクティスは、従業員たちにビジネスにおける「社会情動的スキル」を築くための効率的でパワフルな手段を提供している。それは結果的にビジネスの収益に反映される。

政府内のつながり

ビジネスと同様に、政府も対立によるコストに直面している。そのコスト削減の方法のひとつは極めて有効な調停だ。コスタリカのサンタアナ市長補佐で弁護士のヘンリー・ギレンは、コネクション・プラクティスのファシリテーターだ。彼はこのプラクティスを、全国に17ヶ所ある家庭裁判所のひとつのカサ・デ・フスティシア（House of Justice）に取り入れることを提案している。彼と所長のジェフリー・ガルシアは、15名のスタッフにコネクション・プラクティスを教え、彼らがコミュニティ調停員として活動し、またコミュニティへ働き掛けるプログラムの中でプラクティスを実施する計画だ。一度これがうまくいくことが実証されれば、このモデルは全国の調停システムに導入されるだろう。

政府の従業員たちは、個人的に感謝されると感じることがなく、仕事場での対立が耐え難いものだと時々私に言う。コスタリカの郡職員のカロリンは、彼女の職場でコネクション・プラクティスが紹介された後、そうした状況がどう変化したのか話した。

> 私は他の人たちと気楽にうまくやっていけるおかげで、あらゆる階層や職業、教育水準にある計り知れない数の人々と出会う幸運に恵まれています。
>
> ついに、私がうまくやっていけない人がひとり現れました。その人が私の直属の上司という事実が私をさらにイライラさせました。最初それはライバル意識が原因だろうと思いました。なぜなら私の仕事年数は彼女の倍だったからです。でもその後、他の出来事でその考えを疑うようになりました。
>
> 結局、私は目標達成のために私がした提案や努力が認められなかったので、職場での私の地位に非常にがっかりしていました。最初の私の反応は逃げ出すことでしたが、同じレベルの仕事が確保できるか確かではありませんでした

し、家庭における責任上、仕事のレベルを下げるわけにはいきませんでした。私は他の人たちに頼ってアドバイスを求めましたが、居心地の悪さは変わりませんでした。

　数ヶ月後、私の憂鬱な気持ちが職場と家庭における対人関係で態度に明らかに出ていることに気づきました。私は朝食に失望し、昼食にイライラし、夕食に疲れていました。

　ある朝、職場でコネクション・プラクティスのコースに誘われ、そこで自分の感情を言葉にして心に聴くことを学びました。私に起きる事は私に影響を与えますが、それがどのような影響になるのか、決めるのは私自身だということを、コースの教師のお陰で理解できました。この新しい気づきによって、私はこの不快感を言い表し、それに直面し、立ち向かい、引き受けることができました。

　仕事を離れることも部署の責任者を変えることもできませんから、私はコネクション・プラクティスをやってみることに決めました。批判することや上司をどれほど嫌っているかを言うことを止めました。その代わり、私はなんとか私の攻撃者の苦悩を理解し、彼女の反応は私についてではなく、彼女の環境への反応だと気づくように努力しました。私はさらに耳を傾け、話を減らし、配慮と感謝を期待しないようにしました。その代わりに、仕事での前向きな結果を出すことに気持ちを向けました。

　この経験から、私の人とうまくやっていくという点において、以前の能力では不充分なことがわかるようになりました。平和を保つためには共感を学ぶ必要がありました。

　何が変わったでしょう？　ええ、私の仕事は同じですし、上司も同じですが、私の新しいスキルが対立を減らしました。特に心の対立です。今、私は以前に増して幸せです。

　役所のような環境にコネクション・プラクティスを十分に導入すれば、従業員たちが聞いてもらえ、大事にされると感じる機会をもっ

と増やすことのできる共通の基盤ができるだろう。従業員たちが帰属意識を持つと、従業員の保持率と生産性が高まり、一方で対立は減少する。

> 私の仕事は同じですし、
> 上司も同じですが、
> 私の新しいスキルが対立を
> 減らしました。
> 特に私の心の対立です。
> 今、私は以前に増して幸せです

高等教育

　国連平和大学での私のコネクション・プラクティス基礎コースで、私は世界中から集まった大学院生たちを教えてきた。返されてきた感想は私に大きな希望を抱かせるものだ。それを少しここで共有する。

- インドのマイン：「このコースで私は何年もの心理療法から救われました。とてもパワーを得ています」
- パキスタンのマハム：「このプラクティスは世界のすべての国々で適用できます」
- 米国のサニー：「このプラクティス、そして関係性・感情の知性の重要性は、疑いもなくアメリカとそれが直面している多くの問題に有益です」
- ブラジルのラティシア：「私はしばらく経験していなかった澄み切った感覚と心で家に帰ってきました」
- オーストラリアのマリオン：「このプラクティスは性教育、とくにジェンダーによる暴力に関する分野で非常に重要になるでしょう」
- ネパールのアミット：「このプラクティスは私の考え方をことのほか変えました」
- 米国のデスティニー：「教室で自分の痛む心の内容と探究心を感じられることは癒しです。自分の感情と相手の感情につながることができるのは光栄です」

コネクション・プラクティス基礎コースは、アメリカ中で各種コースを提供しているナショナル・ピース・アカデミーの認定プログラムとして導入された最初のコースだ。そのコースへの関心が高まるにつれ、私は他の高等教育の場でも紹介しているが、それには、バーモント大学、ロチェスター大学のMKガンジー・非暴力・インスティチュート、INCAEビジネススクールでのラテンアメリカ諸大学からの牧師会議などがある。
　コネクション・プラクティスがもっと多くの大学の専門課程に組み込まれたら、卒業生たちがそれぞれの分野で成功するチャンスが増大するだろう。暮らしのあらゆる領域で健全なリーダーたちを育てるためには、高等教育で全人格を教育する必要がある。

> 暮らしのあらゆる領域で
> 健全なリーダーたちを得るためには、
> 高等教育で全人格を教育する必要がある

　リーダーがビジネス、非営利、政府、あるいは高等教育のどこで働いていようと、彼、あるいは彼女は、内と外とにつながる方法を知っている有能で変化をもたらす人物でなければならない。『聖なる牛が最高のハンバーガーになる』の著者、ロバート・クリーゲルが書いているように、「良い個人と組織は変化への対応が速い。素晴らしい個人と組織は変化を創造する」と書いている。[52] コネクション・プラクティスがその行動基準の一部になるとき、ビジネス、非営利団体、政府、高等教育がどのような変化を創造するか、想像してみてほしい。

この章のまとめ

1. 組織内の問題のほとんどは、従業員同士のぎくしゃくした関係から発生する。

2. ビジネス、非営利団体、政府、高等教育のリーダーたちは、人を扱う能力と、明確なビジョンを持つことが必要である。コネクション・プラクティスはその両方のスキルを磨く。

3. コネクション・プラクティスは、対立防止と解決、財務決定、戦略的計画、従業員の解雇に利用できる。

4. 従業員たちが共感と洞察力を得ると、仕事での能力が向上し、働きやすくなる。

第8章

BePeace プラクティス

２０１４年ダラスで開かれた最初のBePeaceキャンプでの
生徒とファシリテーターたち

深遠なるものの実践

　アナは彼女の教会で、信仰に根ざした団体向けのコネクション・プラクティスである BePeace 基礎コースに参加した。コースの最終日、私は内面的な対立における BePeace の使い方のデモンストレーションをする必要があった。するとアナがボランティアにすぐ手を挙げた。彼女の話だ。

第8章 BePeace プラクティス

　1984年8月、夫と妊娠8ヶ月の私はサンフランシスコからソ連行きの飛行機に乗りました。ジェリーの構想は、冷戦最中の米国とソ連の間に平和と親善を示す意思表示として、ソ連で私たちの赤ちゃんを産むというものでした。

　アレックスは1984年9月6日にレニングラードで生まれました。ソ連の新聞が私たちの旅のことを記事にすると、そのニュースは野火のように広がり、メディアはアレックスを「平和のベイビー」と呼びました。けれども私たちが帰国した後、ジェリーは職を失い、深い鬱状態に陥りました。そしてまもなく私たちは罵倒しあう関係になりました。1年後私たちは別居し、離婚しました。でもその後16年間アレックスの親権をめぐって対立が続きました。

　2008年、私はこの人生を一変させるような出来事について本を書き始めました。誠実さと透明性を誓う人間として、私は身を裂かれる思いでした。「平和のベイビー」のようなアイデアがどんなに人々の心を開き世界平和に貢献できるかを語りながら、その後の人生について話さないことは不誠実でしょう。無意識に反発するやり取りが、どれほど対立から暴力にエスカレートするかという非常に人間的なストーリーです。

　ここで起こる私の心の対立は、どれだけ真実を言うべきか、そしてもしすべてを話したら、その結果として受けるであろう仕打ちはどんなものかということです。私は聖霊の声に応えたいのですが、その思いに反して心がズタズタになっています。

　アナが取り乱しているのが分かったので、私は言った。「あなたの心が張り裂けるようで、心配し、恐れているのは、あなたが本物でありたい、そしてあなたの信条に真実でありたいと思っているからのようですね。でも、感情の安全も必要だからでしょう。それで

合っていますか？」

「はい」とアナは涙を流しながら答えた。「でも、私がなぜこれをすべてシェアしようとしているのか、人々が理解してくれるかわかりません」

「では、あなたは無力で寂しく感じていて、あなたの意図が理解される確信が必要なのですか？」

アナは泣いていて答えられなかった。彼女は感情をすべて出し切るまで泣いた。共感が傷を開き、あらゆるものを流し去ったので、その後はとても落ち着いていた。

私はアナを優しくコヒーランスに導いた。彼女は心に聴き、そして目を開けた。「聖霊が、"まだ起きていないことについてあなたができることはありません。本当に真実と感じることをすべて書きなさい。それ以外のことは捨てなさい"と私にささやいているようです」。彼女が大きく息を吸って吐き出したとき、アナの目に安堵が見えた。彼女の恐れは消えていた。彼女は再びありのままの自分を取り戻して安心した。

しばらくして私がアナの教会に戻り、BePeaceの上級コースをやった時、彼女は参加者として登録していた。このコースは、参加者たちが自分自身の内部にある互いに対立している部分をBePeaceの道に置いて、より大きな全体性を経験することが目的だ。私はアナの小グループに加わり、参加者たちが道を歩くのをコーチする助けをした。アナの番になると、彼女は自分の問題を共有した。

　私は、自分の本の出版をやり遂げる決意ができました。けれども、妊娠していた1984年からの日誌を書き写すと、そのとき私がしたことを恥ずかしく感じ、読者にどう見られるだろうかと不安になります。「なんだ……彼女がしたことを読んだか？　この人おかしいよ！　これが母親になる人間のすることかい？」というような批判がすぐ想像できます。その一方で、私のスピリチュアルな面をどれくら

い明らかにするべきか、それも批判を招くことになるだろうとうと思って心配です。私の中の 60 歳の自分と、30 歳の自分がどちらも苦しんでいて、お互いに調和していません。それで私は行き詰まって本が完成できないままでいます。聖霊がストーリーを書くようにと私を導いていることは知っていますが、これだけは克服できないのです。

アナは"道"を歩きながら、60 歳の自分に自己共感し、そして 30 歳の自分の感情とニーズを推測した。今回、彼女が洞察を求めるとやってきたのは、"もし、あの若い女性が創造主への深い信仰をもっていなかったら、ソ連への旅行はなかっただろう"というものだった。今、この年齢で、彼女は必要とするスピリチュアルな道具（ツール）を手にしていた。若い自分を、長所も短所も含めて受け入れることで、そして彼女の中の"賢い女性"にスピリチュアルな物語を語るゴーサインを出すことで、ふたりは一緒にこの本を完成させることができる。数ヶ月後、アナは本と BePeace の普及に専念するために仕事を辞めたと知らせてきた。

アナのような信仰を持つ人々が、BePeace プラクティスの助けで内なる人生に対応できると、彼らは飛躍的にスピリチュアルな成長を遂げ、人類により大きな貢献ができるようになる。

> 人々が、BePeace プラクティスの助けで
> 内なる人生に対応できると、
> 彼らは飛躍的にスピリチュアルな成長を遂げ、
> 人類により大きな貢献ができるようになる

無宗教の人々と信仰を持つ人たちのためのつながり

コネクション・プラクティスはどのような宗教、政治団体、あるいは組織とも関係はない。中立であり、共感と洞察ができる人ならだれでも学ぶことができる。その科学的基礎、証拠に根ざした結果

と普遍性は公立および私立学校の両方に門戸を開いている。
　私がこれを教え始めたときは、プラクティスの目的のひとつがより平和になることだったのでBePeaceと呼んだ。この方法で関係性・感情の知性を築くことがスピリチュアルな成長を促すことに、多くの人々が気づいている。プラクティスに1週間触れた後、中国からきた国連平和大学生がこう書いた。

> この方法は宗教的信仰についてなにも言いません。私はコヒーランスと洞察を受け取るプロセスが私の祈りの経験と同じだと気づきました。私はこのプラクティスを宗教と結びつけたくはありませんが、それは人の信仰を強化することができるようです。それが、私たちが暮らしの中で使ってみようというもうひとつの動機になります。

　BePeaceは中立の普遍的な手法だったが、その名称が時折"スピリチュアル"なものだと思われることがあった。その結果、宗教とは関係ない人たちのためのコースに、コネクション・プラクティスを開発し、BePeaceプラクティスは信仰に根ざしたコミュニティ向けのコースとした。これで明確な区分けができるので、私たちのコースではだれでも安心してニーズを満たすサポートが得られると感じている。またそれによって、スピリチュアル志向の人たちが、彼らにとって意味ある言葉で自由に話せるようになっている。
　カトリックに基づくコスタリカの公立学校で私たちは活動していたので、私はコヒーランスについて牧師から意見を聞きたいと思った。社会的公正の仕事で知られるパドレ・クラウディオ・ソラノについて聞いていたので、彼と会う約束をした。その日、私は自分が持てるスペイン語をすべて出し切って彼と話した。エムウェーブのデモンストレーションをし、ハートから流れてくる洞察について話した。彼は他のスタッフを呼んでこのソフトウェアを試させ、そして自分のコンピュータの方に歩いて行った。私は彼が興味を失ったのだと思った。10分後、彼は戻ってきてこう言った、「ここに聖書

の"ハート"に関わるすべてがあります。これこそ私たちが学校で教えるべきことです」

　コスタリカの一部の学校教師たちは、プラクティスが祈りの活動に役立っていると報告した。アメリカのある少年は「洞察を聴くことは自分のハートにイエス・キリストを抱くようだ」と言った。私たちの運営管理者のシェリーは自分をお人好しの南部バプティスト派ガールと呼んでいる。彼女の信仰に私たちの方法がどう関わっているか私が聞くと、彼女は「あなたは暮らしにどのように平和をつくるかを教えています。それが私の宗教的信条の妨げになることは決してありません」と答えた。

　私たちが BePeace プラクティスを信仰に根ざしたコミュニティで教えるとき、参加者たちは彼らの洞察を自分の枠組みに沿って自由に解釈する。卒業生のひとり、ドリーンは彼女の洞察を説明した。

　　失業状態から抜けられないことで、「私は何を知る必要があるか」と尋ねると、神と思われる存在が私の才能に深く感謝しているのが見えました。私を通して温かい、歓迎する、育む存在が動いていくのが感じられました。そのお陰で、緊張感と自分が取るに足らないという自己判断がなくなりました。

　BePeace の参加者たちは、「洞察」よりも「知恵」、「共感」よりも「思いやり」という言葉を好んでよく使う。彼らは BePeace を、ハートを通して知恵と思いやりを得る手段として見ている。コネクション・プラクティス、BePeace 双方とも実行するプロセスは同じだが、彼らにしっくりする言葉を自由に使えることがパワーを高めている。

　私はアメリカ全土の教会、ルーテル派、カトリック、プロテスタント、メソジスト、ユニタリアン、ユニティ、センター・フォー・スピリチュアル・リビング、そして国連主導の平和大学の様々な宗教に信仰をおくあらゆる人たちに BePeace を教えてきた。参加者

たちは、彼らの信仰システムが危険にさらされることがなく、洞察を彼ら自身の視点から自由に解釈していいとわかると心がとても休まるようだ。

ラスールのひとり、デニースが彼女と供に BePeace コースに参加したある仏教徒との経験を共有している。

> パートナーとのエクササイズで、ジェームズは、実践仏教徒として毎日朝と夕に長い時間瞑想しなければならないと言いました。彼は実際に充分な瞑想をしていなかったので、そのことを後悔し、後ろめたく感じていました。彼のパートナーが「引き裂かれるように感じているのか」とジェームズの感情を推測すると、ジェームズは「そうでもない」と答えました。
>
> 私はこのふたりのエクササイズをコーチしていたので、「引き裂かれている」という感情を理解する別の方法があるかもしれないと思いました。それで、私は口を挟んでジェームズに尋ねました。「あなた自身にニーズを満たそうと争っている両面があるかもしれないと思いませんか？ スピリチュアルな成長を促すあなたの教えに心から従いたいという面ともっと自由と選択が欲しいという面です」
>
> 彼は「ええ」と頷き「あなたが言ってくれたことが、今まさに私が経験していることです。そのふたつの面の間で私は引き裂かれているように感じます」と言いました。彼のパートナーは、彼が彼自身の中に内在するふたつの面に対する彼の感情とニーズを探る助けをしました。
>
> それから彼のパートナーは、洞察を見出せるように彼をコヒーランスに導きました。その後でジェームズはその洞察を共有しました。それは「１週間に１日だけ瞑想しないようにすれば、自分に選択と自由が与えられる。それがより多くの喜びとバランスを私の人生にもたらすだろう」と

いうものでした。

　ジェームズは後ろめたい気持ちを手放すことで、彼自身とのより深いつながりを手に入れました。今彼は自由を望む自分自身の心に対して思いやりを持つことができました。思いやりは仏教の教えの重要な部分ですから、この発見に彼はとても興奮しました。

　私はまた 12 ステップ・グループに参加している人たちにもBePeace を教えている。彼らは「高次のパワー」と言っているので、信仰に基づいているグループと考えられる。20 年以上 12 ステップのプログラムに関わっているハワードはラスールになり、依存症に苦しんでいる人たちにプラクティスを紹介している。彼は「このプラクティスは、私たちが 12 ステップでやっていることを次のレベルに引き上げます」と言った。BePeace コースを受講した、別の12 ステップ実践者のサンディは「私は、共依存症の行動を無条件の愛と受容に変換する一連のスキルを手に入れました」と話した。

　私が BePeace を紹介するもうひとつの方法は、平和の大使（ピース・アンバサダー）に教えることだ。これはシフト・ネットワークのジェームズ・オーディーとフィリップ・ヘルミッチによってファシリテートされているテレセミナークラスだ。この団体は、ポジティブな変化を加速させたいと思っている世界中の信仰を持つ人々に影響を与えている。今私は、彼らと双方向ビデオとオンラインによる個別グループという現代テクノロジーをフルに利用して、シフトと供に別の BePeace コースを提供している。このようにして、私たちが世界中の人々と一緒になることで、真の変化のために必要となる SEL のスキルがもっと効率的に開発されるだろう。

BePeace プラクティスのスピリチュアルな恩恵

　ほとんどの宗教は許しを重要視している。一部の人々がその言

> 何年も経って、
> 私はやっと
> 父を許すことができ、
> 彼も私を
> 許してくれました

葉を私たちのニーズリストに加えることについて尋ねた。私たちがそうしていないのは、許しが平和とつながりの手段であると知っているからだ。それは人々が再びつながることで自然と起きる。

　私のBePeaceコースのひとつで、ある老紳士が初日に50代の息子を連れて教会にやって来た。彼らが入ってくると、ふたりの間にある緊張で空気がピリピリした。息子が軽蔑するような言葉を父親に言ったので、私は身がすくんだ。コースの終わりに私たちが輪になって集まり、それぞれの参加者がもっとも学びになったことを共有する機会を持った。その息子は「何年も経って、私はやっと父を許すことができ、父も私を許してくれました。これからは私たちの家族全員にこれをやってもらうつもりです」と言った。

　多くの人々がスピリチュアルな成長にアファメーション（自己肯定）を使う。洞察は簡単にアファメーションに変換できる。これは私の出産経験と、その時につくられた満たされない効率のコアニーズという私の見方による洞察に基づいた例だ。

洞察：「本来の自由な自分を示しなさい」

アファメーション：私は必要なだけの時間を持つに値する。そしてそれをどのように使うかを自由に選べる。

　アファメーションは得られた新しい気づきをただ強化するので、それがさらに変化を起こすパワーになる。
　音楽は洞察を強化するために使われる別のスピリチュアルなツールだ。私が「だれをも愛するためには、すべての人間を愛さなければならない」という洞察を得た後でも、私の気持ちはまだ自分が前の夫によって傷ついた時に戻っていることに気がついた。その彼と、あるいはなかなか敬愛の気持ちが持てない人との間にそうした思い

が芽生える時、私はその洞察を子どもの頃の日曜学校の歌に変えることにしている。

> 私は（名前）の愛を受け取った、こころの奥に、こころの奥に、こころの奥に。私は（名前）の愛を受け取った、こころの奥に、こころの奥に、こころの奥に、いつまでも。

このような簡単な歌がスピリチュアルなレベルで私の心を動かし、コヒーランスになる助けとなる。そしてその音楽が洞察を、私のすべての記憶の貯蔵庫にしっかりとつなぎとめる。

信仰を持つコミュニティにおける BePeace の恩恵

信仰を持つコミュニティ、そしてその学校は BePeace プラクティスから恩恵を受ける。それは普通の組織がコネクション・プラクティスから恩恵を受けるのと全く同じだ。テキサス大学教授を退任したローリン・ポーター博士は、セイント・リタズ・スクール理事長のキャサリン・クリックに、彼らのカトリック校に BePeace を取り入れることについて相談した。教える関係性と感情のスキルについての話を聞いて、キャサリンは「これは私がずっと願ってきたことです」と言った。

私は教師全員に内部研修トレーニングを行い、彼らは教室で BePeace プラクティス教育課程を使い始めた。その年の終わりに、ポーター博士はキャサリンと教師たちをインタビューした。その報告の中で、彼女はこう結論している。

> BePeace の手法は、生徒たちのカウンセリング、協調的な教室の空気の創造、テスト前の落ち着きと集中力の助け、そして理解と感情のコントロールのスキルを与える、効果的なツールでした。

私たちの次のステップは、サマーキャンプ用の教育課程をつくることだった。ダラス・フォートワースはコーディネーターとして働き、美術教師を引退したディー・メイズは毎回の授業に創造的アート・アクティビティを加えた。最初のキャンプはユニティ・オブ・ダラスで、6歳から15歳の24名の生徒たちと一緒に、トレーニングを受けた11名のファシリテーターの指導とラスール・ファンデーション・インターナショナル理事のリン・ダウラーの監督で開催された。生徒たちは文化・人種・経済的に多様なグループだった。キャンプの最後に、生徒たちは経験したことを書くように促され、最年長の少女のミキヤは「私は怒りをコントロールする方法を学びました。もう私はイライラや傷ついた気持ちを吐き出せるのでだれも傷つけることはありません。私はこの1週間でとても成長しました」と書いた。

> もう私はイライラや傷ついた気持ちを吐き出せるので、だれも傷つけることはありません

また最年少の子は、「私のハートを見つけて、平和にしてくれてありがとう」と彼女自身の言葉で表現した。9年生（日本の中学生3年生にあたる）のジェードが「とてもおもしろかった。大きくなったらほかの人に教えてあげたいな」と言ったのを読んで、私はとてもうれしかった。ここから世代間の平和が始まる。

その次のBePeace版夏学習は、カリフォルニア州サクラメントのモスクで行われた宗教を超えたファミリーキャンプだった。7歳から70歳を越える36名の参加者があった。キャンプを指導したラスールのデニースの話だ。

他の子どもたちとの間に隔たりがあった10代の障がい児をもつイスラム教徒の母親が、ステージの上で私と

BePeaceプロセスをしました。彼女は、馴染んだ信仰に根ざしたコミュニティを離れるとどれほど気弱く感じるか、そして彼女の息子にとって安全で受け入れられる環境を持つことがどんなに大変かを話しました。彼女は非常に勇気がありました。BePeaceに触れたことからの新しい気づきを得て、彼女の、聞いてもらう、理解してもらう、仲間になるというニーズを見出しました。それは私たちの多くにとって人生を転換させるような瞬間でした。その実演の後、彼女と息子は他の参加者たちに優しく抱かれました。彼らとまったく同じ普遍的なニーズを持ったありのままの人間をそこに見たからです。

キャンプに参加した10代の少年ジェイランは、そこで見つけた価値を、「僕は一歩後退する方法、深いレベルでの自分の感情が何かに気づき、相手が感じていることを想像する方法を学びました」と話した。キャンプではプラクティスにどっぷり浸かるので、子どもや若者たちにこの一生もののスキルを教えるのに特に効果がある。

スピリチュアルなリーダーたちも集中トレーニングから恩恵を受ける。エリザベス・ハーガー牧師はBePeaceコースを受講し、その後こう書いた。

　　私の人生において、BePeaceプロセスを得たことを感謝したい。牧師として新しい人生を築くためには計り知れないほど素晴らしいことです。
　　私は聖職を任命されています。私は病院でインターンシップ（実習研修）をしました。新しいウェブサイトもつくりました。私は死別牧師として、プロセスを死別による喪失感に悩み、途方にくれている人たちに使っています。
　　私は本をまもなく完成させます。その本のすべてに私はプロセスとその美しいワークシートを使って、やり直しを

し……創造主からの導きを得ています。まったくシンプルでとてもパワフルです。

牧師たちは彼らのグループを連れて国連平和大学で基礎コース・パート1をとり、それからコスタリカのツアーに参加できる。私たちの教育課程開発責任者でラスールでもあるダイアン、もしくは私が、彼らと一緒に旅をし、個人コーチングとグループコーチングをするので、彼らは学んだことをすぐ練習できる。ツアーは自然のパラダイスにたっぷり浸かる楽しい時間だが、同時に平和の実習を一緒にできる。ミシェル・ディースは彼女の経験をとても喜んだ。

　私は、コスタリカと国連平和大学ツアーで夢が叶いました。私はつながるための新しい方法を学び、それによって私たちのグループの中に深いワンネスの感覚が生まれました。リタ・マリーと小グループのファシリテーターたちが、理解、思いやり、共感という空間に入る方法を教えてくれました。私たちは判断することなく状況を観察する方法と、対立やお祝いのときの感情とニーズを遠慮なく表す方法を学びました。この経験を私の日常の暮らしに活かせるでしょうか？　はい、実際そうしています。
　美しいコスタリカへの旅の後、このプラクティスが私にはぴったりだと感じたので、さらにクラスを続ける気持ちになりました。私がこれを職場と私たちの学校に紹介する助けをしているのも、コネクション・プラクティスが世界に与える確かな良い影響を理解しているからです。私の人との関係と触れ合いは、思いやりと協力のある健全なつながりに変化しています。

このツアーは自然のパラダイスの中に楽しくどっぷり浸かりながら、速くプラクティスを学び、応用するための跳躍台の役目を果たしている。またツアーに参加する人たちは、私たちのミッションを

広める資金援助をしていることにもなる。

　信仰に根ざした組織・団体がプラクティスを徹底して行えば、それだけ大きな効果が得られる。ベス・ヘッド牧師はBePeaceをユニティ・オブ・メルボルンに取り入れ、彼女のコミュニティにも広げることにした。2013年と2014年4月に再度基礎コースを主催した彼女はこう報告している。

> 　私の教会はBePeaceプラクティスを通して高い関係性・感情とスピリチュアルな知性を築き、それを私たちの地域の学校と共有するビジョンを持っています。問題が起きるといつでもこの素晴らしい手法で私たちは共感と洞察を効果的に合体させて、気楽さ、協調性、創造性を持って問題に対応できます。このようにして、プラクティスは私たち個人と全体の成長を促進します。
>
> 　私たちのセンターでリタ・マリー・ジョンソンが2回のBePeace基礎コースと、それを使う私たちの教師を認定するコースを教えています。役員、スタッフ、教会メンバー、コミュニティの教育者たちがそれに参加しています。そのおかげで私たちはよりまとまりと確信を持てるレベルになっています。
>
> 　会衆が私のニーズにより敏感になったので、新しい場所での建設資金調達活動のストレスが減りました。私たちはまた、移転する考えに反対しているメンバーたちに共感するのがさらに上手になりました。
>
> 　一般向けのコネクション・プラクティスをコミュニティに広める私たちの取り組みによって、ダイアモンド・コミュニティ・スクールがそれを全生徒に実施することになりました。私たちの教会メンバーたちが学校にボランティアで行っているので、生徒たちはプラクティスを学ぶ最大限の支援を受けています。

信仰に根ざしたコミュニティにおいては、内部での対立に助けが必要なときがよくある。ラスールであり、臨時牧師として教会に仕えるデニース・シェリンクは、対立解決と会衆が変化を乗り越える助けに BePeace を何度も使っている。彼女は雇われるとすぐ BePeace コースを教え始めた。その結果、彼女の各教会における任期は限られているものの、彼女はそれらの教会にずっと影響を与えつづけている。

スピリチュアルなグループが言行一致していないことに多くの人々が傷つき、幻滅して、そのコミュニティを離れる結果になることがある。これはよくあることだが、信頼を失うことが彼らの願うより良い世界への希望にも悪影響を与えている。それは深い傷だ。人々は癒しを求めて信仰の場に来るのであって、さらに傷つくことなど予想はしていないからだ。

ラリー・クラブは彼の著作『コネクティング』でこう書いている。

> 私たちはとんでもない間違いをしている。20世紀のほとんど、魂の傷を誤って精神的障害と決めつけ、その治療を訓練を受けた専門家たちに任せている。傷ついた精神が問題なのではない。私たちの苦しみの下にある問題は、分離した魂なのだ。
>
> 私が理解する癒しのコミュニティとは、つながりをその目的と情熱の核心に置く人たちのグループだ。[53]

教会のメンバーが BePeace プラクティスを学んで会衆を増やすことができれば、信仰心がどれだけ高まるだろう。

この章のまとめ

1．BePeace プラクティスは、あらゆる宗教の人々が成長し、彼ら自身の人生観からの洞察を表現する助けをする。

2．BePeace キャンプは、プラクティスにどっぷり浸かることで子どもたちと若者たちに変革をもたらす。

3．スピリチュアルなコミュニティ内での内部対立は、共感と洞察によって解決できる。

4．共感と洞察は、信仰に根ざしたグループでの経験によって人々が傷ついたり幻滅したときに信頼を回復する助けになる。

第9章
よりつながった世界に向けて

コンゴ民主共和国でコネクション・プラクティスを教える
ラスールのひとり、ダイアン・ブロムグレン

つながった世界を目指す教育は現実的

　ラスール・ファンデーション・インターナショナルのビジョンは、誰もがつながりのスキルを実践し、この贈り物を次の世代に伝えて行く世界だ。もしあなたがつながることで人生が変わるだろうと思ったら——そしてビジネス、高等教育、学校、家庭、スピリチュアルなコミュニティも同様に変わるだろうと思ったら——私たちのビジョンは気持ちを奮い立たせるだけでなく、現実的だとわかるだろう。

　私たちは新天地を開拓していると1981年、物理学者のデービッド・ボームが語った。

我々は一般社会の秩序と人間的価値観の崩壊に直面し、それが世界中の安定を脅かしている。現在の知識ではこの課題を克服することはできない。何か深遠なもの、まったく新しい取り組みが必要だ。我々の問題を解決しようとする方法そのものが問題だと私は言っているのだ。私たちの問題の根源は思考そのものの構造にある。これが奇妙に見えるのは、我々の文化が思考を最高の成果として誇りにしているからだ。[54]

　私たちの内面的人生について得た新しい理解をもって、私たちは世界の問題をつながりと叡智だけが存在している、より深い場所で解決することができる。この答えは世界の複雑な問題を解決するにはあまりにも単純すぎると言う人たちがいるだろうが、それはレーザーのように私たちの病根を照らし出すことができる。レオナルド・ダ・ビンチが言ったように、「単純さが究極の洗練された教養だ」。
　一人ひとりの行動が他の人たちにも必然的に影響するため、より深いつながりからそれぞれの個人が経験する好ましい変化は、波及的に広がって世界的な進歩になる。これは結果的に教育改革と戦争、貧困、病気、暴力、差別の廃絶をもたらすだろう。

> 一人ひとりの行動が他の人たちにも必然的に影響するため、
> より深いつながりからそれぞれの個人が経験する
> 好ましい変化は、波及的に広がって世界的な進歩になる

　つながりが強くなれば、地球への共感もより深くなるだろう。日頃から共感を実践していたある女性が地震で揺れているのに気づいた。その後、その経験を振り返り、彼女は恐怖感に触れたあと安全のニーズにつながったが、同時にバランスのニーズがある地球へ共感することもできた。
　私たちの環境を守ろうとする試みでは、その目的のために活動している人々だけでなく、環境問題の解決のためにはその取り組み方

を変えなければならない人々にも、共感を与えることができる。共感は単に助けを求めている人たちだけでなく、私たちが間違っていると判断している人たちにも、両方向に達することを覚えておいてほしい。コネクション・プラクティスからの洞察は、地球温暖化やその他生態系のジレンマになっている難題への素晴らしい解決策をもたらすだろう。

テクノロジーは、私たちがコネクション・プラクティスを利用できるもうひとつの世界的な分野だ。テクノロジーが私たちの暮らしを改善しているのは疑いもないが、それを良いことのために使う知恵がないと破壊に利用される。核兵器がその明白な例だ。もう一つの例はインターネットだ。それがもたらしているつながりの恩恵は莫大だが、個人的な攻撃、ポルノ、詐欺、人身売買に使われている。ラスールという詩はそれをこう表している。「空の稲妻を指差す前に、私たち自身の心の嵐を鎮めなければならない」。[55] 言い換えると、私たちがネガティブな感情をコントロールする方法を知らないまま強力なテクノロジーを進歩させることは、私たちと将来の世代を大きな危険にさらすことになる。

最初の章で述べたように、コネクション・プラクティスは私たち個人の、あるいは世界の病根への万能薬ではないが、正しい方向への大きな進歩になるだろう。人種、宗教、文化にかかわらず、子どもたちが成長し元気に生きることのできる、より安全で思いやりある世界を望まない人間を私は想像できない。もし私たち全員がつながりを実践すれば、私たちは不安からではなく、揺るぎない自尊心からもっと行動するようになるだろう。あらゆる人のニーズをテーブルに置いて、そのニーズを満たすための直感的な解答を求める方法を知るだろう。つながりは二者択一の思考の限界を超え、どちらの可能性もある空へと私たちを導くことができる。

この行程はシンプルだが、簡単ではない。つながりの学びは一生の旅であり、私の人生の最大の課題でもある。私は自分がその達人だとまだ考えていないが、10年前の"自分"からすれば、だいぶ進歩している。私の成長は本物だし、幸福感は確実にある。それが

あるので、人間は誰でも深いレベルで変わる能力があると信じている。

　私はコネクション・プラクティスを6歳児から89歳の老人まで教えている。彼らは全員それを理解できた。デンマーク、日本、グアテマラといった他の国に旅行してつながりを教えたとき、参加者たちは自分たちと他の人たちとつながるこの新しい方法を受け入れてくれた。

　同時に、世界でつながりを教えることの困難さを甘く見ているわけではない。それぞれの文化に深く刻まれた伝統と信仰があり、それが世代を越え、現在の断絶と苦悩をもたらしている。このような思考パターンは一夜にして消えることはないだろう。ダイアンはコネクション・プラクティスを教えにコンゴに行ったが、そこで彼女は、服従という考えがあまりにも深く染みついているので、参加者たちが「全員のニーズをテーブルに置く」という考え方をなかなか理解できないことに気づいた。これは彼女の話だ。

　　コネクション・プラクティスの「つながりの道」を歩くのがイボンヌの番になると、彼女は彼女の義父との間に対立があると言いました。彼女の夫が亡くなった後、義父は彼女が夫の財産を継ぐのにふさわしくないと彼女に言いました。彼女は公平さとサポートが必要だったので、このことに傷つき、悲しく感じました。

　　イボンヌが義父への共感を与える道のステップに来ると、義父はなにを見て彼女が財産にふさわしくないと思ったのか想像するように、私は彼女に言いました。彼女は夫が亡くなった後、病気になり彼女の実家に戻ったことを明らかにしました。彼女が戻ってくると、義父は彼女が夫の弟と結婚することになったと言いました（彼女の文化ではそれは常識的な慣習です）。彼女がそうしようとしなかったとき、義父は彼女がその財産相続にふさわしくないと言いました。

「道」の最後のステップに来ると、イボンヌの義父へのリクエストは「私は進んで服従します。あなたはそれを受け取ってくれますか？」でした。
　人々がいつも服従に戻ってしまうのは、彼らにはそのゲームをする他の方法を知らないからだと私は結論づけました。私たちにはそのゲームを変えるノウハウがありますが、それを理解してもらうには相当量のトレーニングが必要でしょう。

　ダイアンはそのような文化の支配―服従の力関係で苦闘していたが、いくつかの成功例もあった。参加者のひとりは「コネクション・プラクティスは、他の人へ共感をすることで、私の中の"反対エネルギー"を"賛成エネルギー"に変化させるでしょう。私たちはお互いに離れられない間柄だと知っているので、これからはもう平和な気持ちを失うことはないでしょう」と話した。
　別のコンゴ人の参加者がコースをとり、その後コネクション・プラクティスのグループに参加した。彼は、彼の婚約者が彼女の教会に行くことを彼に強く要求するので、彼女と別れたと言った。彼が感情とニーズの言葉を使い、あるがままの彼を見てもらうことがニーズだと分かると、彼女は、彼が彼の宗教を変える必要がないことを受け入れた。そして、二人はまた一緒になった。
　さまざまな困難があっても、もし私たちが効果あるツールを充分に実践したなら変化は起きる。つながりの教育を続けていけば、より良い変化を現実的に期待できることをさまざまな結果が示している。世界中でこのプラクティスを教えて行くためには、絶え間ない献身が必要だろう。しかし考え方の違いにかかわらず、私たちを結びつけ、仲間意識や意味、快活な進歩を人生にもたらすこのプラクティスはそのような献身に値する。

> 私たちはつながりの教育ができるし、より良い変化を現実的に期待できる

社会変革とリストラティブ・ジャスティス（修復的司法）

　国連平和大学で大学院生に教えていると、私はいつも彼らの論文に感動する。彼らの多くは国に帰ってコネクション・プラクティスを教育と司法制度に実践したいと思っている。以下は、彼らが描く彼らの国でのコネクション・プラクティスによる社会変革の例だ。

- ジュリエットは、戦争から回復しつつあり、平和、公正さ、和解を求めているウガンダの政治家、教師、生徒、ソーシャルワーカー、非営利団体指導者、草の根のコミュニティーをトレーニングすることを思い描いている。
- ビン・リーは、中国を従順に基づいた文化から共感の文化に変える可能性を見ている。
- ルワンダからのイヴは、大量虐殺からの人々の癒しに、このプラクティスが彼の国で大きな影響を与えると信じている。
- オリは、彼女の国のイスラエルが、軍事国家から世界に平和をもたらす国になることを想像している。
- カシアは、米国の自然災害の救済活動にこのプラクティスが重要だと見ている。
- ジュンは、日本の教育制度を変え、自殺を減らす草の根レベルの活動からこのプラクティスが始まってほしいと思っている。

　カナダからの国連平和大学生のリンゼイは、開発のためのコミュニケーションに関する論文を書き、コネクション・プラクティスが適合しうる新しい分野を明らかにした。ユニセフ（国連児童基金）は開発のためのコミュニケーションを「開発プログラム、政策による権利擁護、人道的活動の中核である、積極的で計測可能な個人の行動と社会変革を広めるための系統的、計画的、証拠に基づく戦略プロセス」と定義している。[56] もしコネクション・プラクティスがその戦略プロセスの一部だったら何が起こるだろうかとリンゼイは提起している。

国連決議 A/RES/52/13 は、国連が、個人、グループ、国家間の対話と交渉を通して、問題解決のためにその根源に取り組むことで、暴力を拒否し対立を防止するような一連の価値観、態度、行動様式、生き方を求めていくと宣言している。[57] ラスール・ファンデーション・インターナショナルと国連は共鳴しているようだ。私たちは同じ目標をもち、コネクション・プラクティスは取り組む必要がある根本原因に効率的にはたらく。プラクティスは積極的な社会変革へのエンジンだが、つながりが究極の目的ではないことを私たちは知っている。ふさわしい行動が伴わなければならないからだ。

リストラティブ・ジャスティス（修復的司法）は、犠牲者と加害者のニーズに焦点を当てることで、つながりと整合したふさわしい行動への取り組みとなる。両者の対話を通して加害者はその行為の責任をとり、償いをすることを促される。リストラティブ・ジャスティスは、加害者がこれ以上の罪を重ねないように適切なサポートも提供する。スミス・インスティチュートの報告書「リストラティブ・ジャスティス：その証言」は、このような対立解決法が、犠牲者の満足度と加害者の説明責任度が最高だと評している。[58]

リストラティブ・ジャスティスはつながりを求める自然な衝動が源泉になっている。その力は、共感と正直さ、許しと責任とのバランスを生むその仕組みから来る。その結果は復讐と罰ではなく、癒しと学びだ。コネクション・プラクティスをリストラティブ・ジャスティスと組み合わせれば、社会変革を新しいレベルに引き上げ、私たちが求めている世界の進歩を達成する助けになるだろう。

内から外へ、下から上へ、上から下へ、四方八方へ

私たちは社会のすべてのレベルにコネクション・プラクティスを提供することで、それがあらゆる方面に広がるようにしている。これはトレーニングコースを修了し、ラスール・ファンデーション・インターナショナルから認定されたラスールたちによって実施されている。[1]

> 私たちは社会のすべてのレベルに
> コネクション・プラクティスを提供することで、
> それがあらゆる方面に広がるようにしている

内から外へ：私たち自身の内部の共感と洞察を合体させることから始めている。あらゆる真の改革は一人ひとりの内部から始まるからだ。

下から上へ：学校で生徒、教師、親たちに、そして電話セミナー、基礎コース、合宿、ツアー、コーチングによって一般の人々に草の根のレベルでプラクティスを提供している。

　私たちのウェブサイトで、オーディオまたはビデオチャットを使った認定コーチによる「コネクション体験」と呼ばれるオンライン・セッションも提供している。困難な状況を経験している人は一度これを試すのもいいだろう。

　私たちの惑星は何百万の通信回線が縦横に交差しているが、それはハートとハートのつながりに使える。それらの回線が傷ついている世界中の人々によって使われ、その人たちが自分自身の共感と洞察を発見するようにコーチに導かれている様子を想像してほしい。このようにして、ひとつのハートづつ、私たちの断絶した世界がつながりを取り戻すのだ。

上から下へ：関係性・感情の学習が社会に最大の影響を与えるためには、国の指導的立場の人々のサポートがなければならない。私たちはコスタリカでそれを実現するために最善を尽くした。ほかの国での先例になればと願って、私はここにその話を共有する。

　2007年、私はコスタリカのラスール・ファンデーション副代表であり開発ビジネス協会副代表のアレクサンドラ・キスリングと組

---

l. 詳細は www.connectionpractice.org へ

んで、コネクション・プラクティスを最高レベルの教育機関に導入させるための援助を得ようとした。私たちは教育省副長官のアレハンドリナ・マータにプレゼンテーションすることから始めた。彼女はその方法の科学、研究、パワーにおどろき、その後、省の指導者たちに私たちと話を進めるよう"青信号"を出した。その結果、教師たちが仕事時間に私たちの40時間コースを受講したが、それは昇給に必要な社会人教育として考慮された。

これは幸先よいスタートだったが、私たちは関係性・感情の学習が指導者が代わっても存続するためには、政府内にしっかり根を下ろす必要があることを知っていた。アレクサンドラと私は、ノーベル平和賞受賞者のオスカー・アリアス大統領と会って、私たちの方法を説明しアイデアを探った。彼は、SELプログラムによる平和への革新的取り組みを進んで受け入れてくれた。

このミーティングの後、私は関係性・感情の学習を支える基盤をつくる方法について考えをめぐらした。私は、あらゆる国に平和省をつくることを目的とする平和省グローバル・アライアンスのことを聞いていた。コスタリカの人々は1948年に軍隊を廃止しているので、自分たちを平和と重ね合わせている。コスタリカの平和省がSELプログラムを広める道具になるのではないかと私は思った。

その可能性を調べた後、アレクサンドラと私は平和省の提案書を書いた。そして2006年、大統領省長官ロドリゴ・アリアス、司法省長官ローラ・チンチラ、教育省長官レオナルド・ガルニエと会った。彼らは平和省を司法省の中に取り入れるという私たちの案に同意し、そのためにそれが「司法・平和省」と改称されることになった。この平和省の目的は、平和と平和な市民の共存を広めるための国家制度の創造だった。チンチラ長官がその法案を書き、私たちはそれについて相談を受けることになった。

この法案が議会に出されると、私たちはそのためのロビー活動を始めたが、それがすぐ通過しなかったのでがっかりした。その後、私は平和省グローバル・アライアンス[m]に関わることになり、チンチラ長官が私を2007年の日本での次の平和省地球会議にコスタ

リカ代表として任命してくれた。サミット会議で私はコネクション・プラクティスについてのワークショップを行い、次回の2009年サミット（平和省地球会議）をコスタリカが主催することを提案したところ、平和省グローバル・アライアンスは同意した。私がコスタリカに戻ると、チンチラ長官はコスタリカ政府がその会議をホストし、ラスール・ファンデーションが開催することを認めた。

　私たちの法案が必ず通ると確信して、アレクサンドラと私はコスタリカの平和を指向する団体をまとめる案をもって司法省に掛け合った。私たちは、彼らに新しい省と協力してもらいたいと思った。司法省副長官のミレナ・サナブリアはこの提案を進めることに同意した。2009年6月、ラスール・ファンデーション本部で、レッド・デ・パス（平和のネットワーク）の最初の会合が副長官によって開かれ、58の非営利団体の代表が出席した。

　さて、グローバル・アライアンス・サミット（平和省地球会議）があと1ヶ月に迫り、私たちは平和省法案がそのイベントが始まるまでになんとか通過してほしいと願っていた。アレクサンドラはロビー活動にさらに力を入れたが、ひとり声高に反対する議員がいることに気づいた。彼との会見に先立って、彼女と私は、彼との会話の間に彼に共感しコヒーランスでいる重要性について話した。アレクサンドラはそれをそのまま実行した。会見の間に、その議員は「賛成」の立場に変わった。2009年8月19日やっと投票が行われ、反対なしで法案は通過した。コスタリカはこの国家基盤を構築した世界で3番目の国になった。[n]

　9月、私たちはサミット会議前イベントとして、コネクション・プラクティスのコース（40時間）を用意し、10カ国から38名が参加した。そのコースが、それ以降のサミットを調和の色に方向づけた。もっとも感動的な瞬間は国立劇場での開会式だった。コネ

---

m. www.gamip.org
n. ソロモン諸島には2006年から、「和解、平和と国民統一省」がある。ネパールは2007年に「平和と和解省」を設立した。

クション・プラクティスの生徒のひとりである1年生のアシュリー・ロドリゲスが500人を超える人々をコヒーランスに導いたのだ。観客が彼女の優しい、はっきりした声にしたがって自分たちのハートに集中したときは、針1本落ちても聞こえただろう。

　オスカー・アリアス大統領が開会の基調スピーチを行って、コスタリカの新しい省の役割を強調した。「課題は始まったばかりです。平和省の創造を達成するのが目的ではありません。暴力なしに人類の争いを解決できるような持続的な秩序を達成するための単なる道づくりです」。サミット会議の目的を支持するダライ・ラマからの額入りの手紙も観客に紹介された。いまそれはグローバル・アライアンス・サミットの年に毎回読まれている。

　コスタリカでの社会情動的スキルへの上から下への支援はとても大きな変化を与えている。司法・平和省は平和市民センターを建設した。このセンターにはスポーツとリクリエーションエリア、音楽学校、芸能スタジオ、調停裁判所、託児所、図書館、コミュニティセンターが入っている。この省は、「暴力に立ち向かい、子ども・青年・若者たちの社会的共生を促進する」[59]戦略としてそのようなセンターをさらに6つ建設する計画だ。またこの省は、職場の調停者のためのトレーニングを提供することで国立裁判外紛争解決庁も支援している。これらの調停者たちは、紛争が裁判所に行くことを防ぐ助けをする。[60]

　平和省の設立は、社会情動的スキルの制度化へのひとつの方法だ。ほかの国は異なる戦略を見出す必要があるかもしれない。最初のステップは、影響力ある指導者たちにこの目的を追求することに興味を持たせることだ。指導者たちをコーチングのセッションやコースに参加させるのが、SELのプログラムに心から関わろうという気持ちを生むためのもっとも効果ある方法であることに私たちは気づいている。

　2007年、チンチラ長官が学校でのコネクション・プラクティスのプログラムについて学ぶために私たちの本部を訪れた。帰り際に

彼女は「あなたたちのコースをひとつとってみたいです」と言った。あとで分かったのは、私たちが彼女をコースに参加させることができる前に、彼女は大統領選への立候補を発表し、2010年5月にコスタリカ初の女性大統領になった。もう彼女は任期を終えたので、時間をとってコースをとってもらいたいと私たちは思っている。しかしその間にも、私たちはコスタリカの他の指導者たちをトレーニングしている。

私たちのコスタリカ・プログラムの責任者を務めたナンシー・マリンは、現在人間開発・社会共生省の顧問をしている。彼女はこれまで1,000人に近い人々にコネクション・プラクティスのトレーニングを行い、コスタリカの学校システムに国としてこの方法を取り入れるよう主張している。彼女の言葉だ。

> 子どもたちには自分の感情と内なる叡智につながる自然な能力があるので、コネクション・プラクティスを教えることは簡単です。私たちが成長するにつれその能力を失っているだけなので、つながることを学ぶのはすでに知っていることを再発見するようなものです。このようなソフトスキルは、私たちの社会開発に重要であり、私たちの教育システムに導入する必要があります。

現在、国際的指導者たちに向けた私たちのコースは行動への呼びかけで終わる。「コネクション・プラクティスのトレーニングをあなたたちの国のやる気のあるすべての教師たちに提供する方法を見つけてください」

どこの国でも常識は世代から世代へと受け継がれる。コスタリカの子どもたちはみんなサッカーのルールをすぐに学んでいる。彼らの指導者たちがコネクション・プラクティスを学校と政府機関に導入すれば、プラクティスのステップも同様に常識になるだろう。これが世界中で起これば、つながりは特別なことではなく、当たり前になるだろう。

四方八方へ：つながりはあらゆる分野の人々に当てはまるので、私たちはそのほかのカテゴリーをすべて「四方八方へ」と言っている。私たちはビジネス界の人、非営利団体のスタッフ、信仰に根ざしたコミュニティメンバーたちをトレーニングしているが、そのすべてが思いやりと革新の文化を構築するために不可欠なものだ。私たちの「四方八方へ」の取り組みの例は、メキシコのグアダラハラで進行中だ。そこではコレンテという団体が、非営利、大学、政府、ビジネスからの指導者たちと協力してコネクション・プラクティスを社会福祉プロジェクトに組み入れている。

つながりの方法が広がることは確かだ。しかし、それが世界の文化に浸透するには長い時間がかかるだろう。メディアの助けがあれば、野火のように広がる可能性がある。ほとんどのメディアは悪いことに注目しているが、悪いことは注目されると広がるようだ。メディアがこのシンプルなプラクティスが人生の方向を変えるという話を取り上げる場合も同じことが言える——ポジティブな関心があれば私たちの届く範囲が広がる。これは世界での飛躍的進歩を創造するために必要なステップのひとつだ。

共通の土台としてのつながりの経験

私たちの「内から外へ、下から上へ、上から下に、四方八方に」というモデルが広がりつづけると、私たちは互いに不必要な痛みを引き起こすことなく進化できるような世界を創造していることになる。恐れからの無意識な選択はすべて希望と夢を打ち砕くが、自分自身と相手につながろうとする意識的な選択はすべて自己実現に向かう。

コネクション・プラクティスは、自分自身と自分の感情に対応し、上手に相手と触れ合うための方法として、社会情動的スキルを築くための真に普遍的なスキルであることが分かっている。「社会情動的スキル」なしに、世界の平和を構築することは実現不可能だ。しかし、それがあれば、平和が実現可能な生き方になる。

日本でコネクション・プラクティスを広めているラスールのゆみは、それをこう話している。「2011年9月11日の後、私はグローバル・ピース・キャンペーンを立ち上げて、対テロ戦争に代わる解決法を探そうとしましたが、その方法が分かりませんでした。今はコネクション・プラクティスが私の内と周りに平和を創造するのに必要なツールであることを理解しています。私たちすべてがラスールのスキルを持てば、結果として地球が平和になるでしょう」
　平和をこのように語ることは、コネクション・プラクティスを学ぶ人たちが軍隊に反対だというわけではない。人類がニーズを満たす方法としてつながることを学ぶまでは、防衛的な軍事力を行使しなければならないときもあるだろう。軍隊からの参加者たちは共感と洞察のスキルを得ることに価値を見出している。退役陸軍大佐のドティ・ヘンダーソンは「内側と外側に平和と調和が欲しいなら、コネクション・プラクティスがある」と言った。
　警察官もプラクティスを学ぶことで恩恵を受ける。ニュース番組は、犯人と警官が殺される事件を絶え間なく私たちに見せているが、紛争解決へ他の手段を取ることも可能だったかもしれない。このような事件は、私たちに警察権力の別の可能性を考慮することを訴えている——まず共感してから、次に武力を使うことを警察官に教えることだ。軍隊も同じで、他人が人々を肉体的に傷つけないように境界が必要なように、防衛的な軍事力の使用が必要な時もある。しかし、もし警官がコネクション・プラクティスのトレーニングを充分受けていれば、不必要な武力行使を減らすことは想像できないことではない。その一方で、コミュニティ全体がコネクション・プラクティスのトレーニングを受けられれば、警官が危険な目にあうこともほとんどなくなるだろう。
　あなたの職業が何であろうと、おそらく、人生にもっと平和が欲しいと思っているはずだ。私たちの忙しい世界では、多くの人は空っぽのタンクで走っているように見える。コネクション・プラクティスはガソリンタンクを平和で満タンにするようなもの——いつでも利用できる再生可能エネルギーだ。絶対確実なツールはない。それ

は、それを使う人の意識とスキル、そして関わっている相手の受け取り方によるからだ。少なくとも今私たちには、我々の内なる力を統一し、世界で生きて行くための実際的な答えを与えてくれる特製のツールがある。簡単に言えば、私たちがつながりによって落ち着きと愛を感じることで、あらゆる人たちのためになる世界を創造することに最高の力を発揮できる。

　長年にわたる最大の恩恵は、人生の謎へのより深い信頼と心に自然にこみ上げる喜びだ。今私はあるがままの自分を見ることができ、共感と洞察を導いて自分自身をエンパワーすることができる。相手をあるがままに見て、その人の共感と洞察を引き出す助けができる。そして私は人生をあるがままに見て、私たちの総合的な共感と洞察から流れ出る進化を喜び、移り変わる生命（いのち）そのものの成長を経験している。アルベルト・カミューは、「冬の最中にあっても、揺るぎない夏が私の中にあるのをやっと見出した」と言った。[61] コネクション・プラクティスは私をそのような不朽の夏に導いた。

　より多くの人々がこのようなレベルでつながる能力を向上させれば希望が大きくふくらむだろう。知的な探求や子どもじみた幻想ではない、より良い人生が可能だという、しっかりした根拠に根ざした期待に基づいた希望だ。これが暴力を未然に防ぎ、素晴らしいビジョンを達成可能にするのに肝心なことだ。

> これが暴力を未然に防ぎ、素晴らしいビジョンを達成可能にする肝心なことだ

　最近、コネクション・プラクティスの修了生のひとりが、コースによって彼の現実観が変わったと私に言った。科学者で未来学者のバックミンスター・フラーは「今あるパラダイムを変えるためには、その問題になっているモデルを変えようと必死になってもダメです。古いモデルが時代遅れになるような、新しいモデルをつくるのです」と言った。共通の土台として、つながることの経験——新しいモデル——を社会のあらゆる階層の人々が認めるときを想像できるだろうか？

この章のまとめ

1．個人個人のつながりへの進歩は、世界的な進歩へ波及的に広がる。

2．共感と洞察は、テクノロジー利用、社会変革、公正さといった世界的問題の解決に役立つ。

3．共感と洞察は、よりつながりのある世界のために、内から外へ、下から上へ、上から下へ、四方八方へ、達成されなければならない。

第 10 章

新しいはじまり

　ここまでつながりの価値を充分に探求してきたので、あなたがこのスキルを学ぶことを始め、絶えず学び続けることを私は勧める。時間が経つうちに、以前は不自由に感じていたことが心地よくなるので、このプラクティスに深い満足感を覚えるようになるだろう。
　私の家庭で不自由に見えていたことは、私たちが感情の痛みを癒す方法を知らなかったことだ。私たちはそれを見えないところに隠して済ませていた。私の祖父が死んだ後、私は祖母と一緒に台所のテーブルに座っていたことを覚えている。目に涙を浮かべて、「私はあなたのおじいちゃんに冷たかったの。でもどうしてだか分からないわ」と彼女は嘆いた。彼女は自分の行為を悼み、私ももらい泣きした。彼女の過去になにかとても辛いことがあって、彼女の扁桃体がそれによって刺激されたのだろう。彼女は冷たい防御の壁をつくったが、彼女の心を再び温める方法を知らなかった。彼女はその牢獄から出る方法を見つけることは決してなかった。すでに彼女の夫への愛を表すには遅すぎた。
　私の父は同じような道を辿った。感情を包み込むことで内気さを

処理していたからだ。彼はよく言っていた、「感情にまかせてはいけない——考えるんだ」と。そう言ったにもかかわらず、彼はしばしば落ち込んでは居間の椅子にうなだれて座っていた。彼は感情を特定し、それを表現することができなかったので、その感情にコントロールされていた。

　父を救ったのは、学びつづけようとする彼の意思だった。70歳後半になってコスタリカで私と一緒に住むようになってから、彼は私たちの活動を見守り、彼の内的人生を理解するようになった。彼は感情とニーズを利用することを学び、ハート／脳・コヒーランスを達成することが最高に彼の能力を機能させる方法であることを知った。私たちは一緒に生き、人生に起きてくることをすべて処理できるこの新しい方法によって、私たちの関係は深まった。

　父はコネクション・プラクティスの擁護者になり、孫のひとりへのEメールで、「このスキルは私がお前の歳のときにはなかったんだよ。これは大学の教育よりも良いものだ。お前の人生が成功して幸福であるように私は願っている。このスキルがあればそれができるよ」と書いた。世代を越えた私たち家族の幸せな人生の障害になった連鎖を、彼は破ろうとしていた。

　父はその生涯において継続してきた内気な行動パターンを断ち切った。そしてコネクション・プラクティスについて見知らぬ人たちと話を始めるようになり、この活動を支援するように頼むことさえした。私たちが共有するようになったつながった世界のビジョンについて、彼が熱っぽく話すのを聞くのがとてもうれしかった。そのような瞬間に私が受け取った深い気づきと理解はとても貴重だった——世界第一級の共感だ。

　2011年、父はコネクション・プラクティスの「トレーナー立ち上げ会議」に出席して、彼らとの親交を深めた。私たちはこのイベントを「感謝の歩道」で終わらせた。一人ひとり順番に2列に並んだトレーナーたちのあいだを歩き、その人の耳に感謝の言葉を囁くというものだ。白髪の父カール・ジョンソンも私たちと一緒に参加し、一人ひとりのハートに届く言葉をかけた。

列に沿って歩く彼の順番がくると、それぞれのトレーナーはしばらく彼と静かに話し、その間ほかの人たちは涙を頬に流しながら立っていた。全員が終わると、グループはお互いに腕を組んできっちりと輪になって集まって、自然に体を揺らして、父と深くつながった。これは彼の人生の最大の勝利だった。失っていた自信を取り戻し、ついに他の人たちとうまくつながるようになったのだ。
　あらゆる人間のつながる能力が、私の父がしたように、不必要な感情の痛みから私たちを解放し、新しい始まりを引き出すことができますように。私たちに内在するあらゆる善意で、世界中につながりの文化を創造しよう。「私たちが世界に望む変化に、私たち自身がなりたいと思う」。今その方法を私たちは知っている。

新しいはじまりのために

人目につかない心の場所
あなたの考えが思っても決して行かないところに
このはじまりがひっそりと生まれている
あなたの用意ができるまで、現れるのを待っている
長いあいだ、それはあなたの望みを見守り
あなたの中に無力感が増えるのを感じ
あなたの決意のほどに気づいていた
いまだあなたがいらなくなったものから離れられないでいる

それはあなたが安全の誘惑と遊ぶのを見守り
そしてその同類が囁いた灰色の約束と
混乱の波が起こり、和らぐのを聞いた
あなたがいつもこのように生きたいのだろうかと思った

それから喜びが来た、あなたが勇気を沸き起こし
そして新天地へ踏み出したとき
あなたの目はエネルギーと夢に若返り
あなたの前には豊かさへの道があった

目的地はまだはっきりしていないけれど
あなたはこのはじまりの約束を信じてよい
はじまりの恩寵に身を投げ出してもよいのだ
それはあなたの人生の望みと同じだから
あなたの心を冒険に目覚めさせなさい
なにも隠さず、危険の中に落ち着きを見つけることを学びなさい
もうすぐ新しいリズムの中のふるさとに帰るだろう
あなたを待っている世界に魂が気づくからだ

ジョン・オドナヒュー

今日からつながり始めよう

　私たちは、あなたのつながりのスキルが簡単に向上するようにしたいと思っています。その目的で、以下に案内と資料を挙げました。また以下の連絡先から私たちに連絡をとっていただいても結構です。

米国　Rasur Foundation International
e-mail: info@connectionpractice.org
www.connectionpractice.org
1520 Rosette Way, Gilroy CA 95020
Phone:1-214-458-4345

日本　一般社団法人ラスールジャパン
e-mail: rasur.japan@gmail.com
rasurjapan.com

内面を見ることに対する恐れを克服する

　定期的にあなたの内面を見ることに対してなんらかの抵抗を覚えるようであれば、それを克服することが、完全につながるための第一歩です。あなたが何を——感情やニーズや洞察——求めているのかを知ることによって、インナーワークに取り組む敷居がずっと低くなります。試してみたいですか？　3章にある感情とニーズリストを使って、次ページの「つながりのプロセス・ワークシート」に記入してみてください。

つながりのプロセス・ワークシート

1．私の困難な課題（必要であれば批判や非難を含む）、または祝福

2．私の感情：

3．私のニーズ：
（もし他の人が関わっていなければ、ステップ6へ進む）

4．相手（または複数の相手）の感情：

5．相手（または複数の相手）のニーズ：

6．私は以下にしたがって、ハート／脳・洞察を実践します。
- クイック・コヒーランス
  （ハートにフォーカス、ハートで呼吸、ハートで感謝）
- 「私は何を知る必要があるでしょう？」と問います。
- 私の洞察：

- 洞察にしたがって私はどのように行動しますか。

習慣を継続する

もしあなたが毎日つながる習慣を身につけたいなら、つながりのプロセス・デイリー・ワークブックはあなたの日課に習慣として根づかせる最善のサポートです。毎日プラクティスしなくても、それに意識を少しでも向けることは、なにもやらないよりはるかにましです。

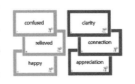

または、感情とニーズのカードセットを注文することもできます。カードには説明書が付いてきますから、すぐに友達や家族と使い始めることができます。

日本語のデイリーワークブック、感情とニーズカード、
子どもカード、クリアファイル、
ハートマス製品（エムウェーブ、インナーバランス）などは、
rasurjapan.com でお買い求めいただけます。

もう一つの方法としては、毎日の生活の中で他の人たちと出会う度に、彼らの感情やニーズを推測し始めることです。あなたはそこで起こることに驚くでしょう。同時に、家族にこれを試すときは、あなたのプラクティスに付き合ってもらえるかどうか聞いて下さい。そうすれば、この新しいアプローチに家族は脅威を感じずに済むでしょう。

コヒーランスを学ぶのに一番早くて信頼できる方法は、ハートマス研究所のエムウェーブ・プロ（emWave Pro）かインナー・バランス（Inner Balance）を使うことです。ラスール・ファンデーション・インターナショナル（RFI）はハートマス製品のディスト

リビューターですので、私たちを通してどの製品でもご注文いただけます。その場合は、ハートマスのウェッブサイトと同じ価格で購入できます。特別セールの場合でもそれは同じです。RFIを通してご注文いただくと、その手数料が私たちの非営利活動に行きます。オンラインショップで見つからない商品がありましたら、info@connectionpractice.org へご注文ください。

もしすぐ経験したいなら

もしもっと早く学びたいのなら、コネクション体験（Connection Experience）で私とのオンライン・トレーニングや認定コーチとの電話コーチングを受けることができます。またあなたの地域にいるラスールに連絡してコーチング・セッションを受けられます。ウェブサイトにラスールのリストが掲載されています。

> もしすぐ経験したいのなら（以下は英語で学ぶ場合） info@connectionpractice.org
> - コースを見つける
>   connectionpractice.org/connection-practice/learning-options/find-a-course/
> - トレーナー・コーチを見つける
>   connectionpractice.org/connection-practice/learning-options/find-a-coach/
> - ラスール・ファンデーションのメンバーになる
>   connectionpractice.org/rasurfoundation/join/
>
> 日本語でコネクション・プラクティスを学びたい方：rasurjapan.com

あなたはおそらくもっとコネクション・プラクティスについて知りたいと思っていることでしょう。私のテレフォン・セミナーに登録するとそれができます。

プラクティスに浸るためには、個人コースを受講するのがベストです。これらのコースは米国の多くの州で大学の単位やさまざまな職業の社会人教育単位としても認められています。コース受講後、あなたのスキルを磨き続けるために、パートナーやプラクティスグループを見つけてください。

自分をプラクティス漬けにして早く学ぶもう一つの方法としては、コスタリカのツアーに参加することです。そこでコースを受講して、グループの他のメンバーたちと新しいスキルを練習しながら美しい国土を観ることができます。

人につたえる

もし、つながりの大切さについて人に伝えていきたければ、以下の方法があります。
- 本書『完全につながる』の巻末に載っているブック・スタディ・ガイドを使って、本書の勉強会を始める。
- 指導者、教育者、ビジネス関係者、親、教会、そしてあなたが本書から恩恵を受けると思う人に本書を贈る。
- 学校、大学、非営利団体、企業、教会や政府機関に、コースやリトリートについて私たちに問い合わせるように提案する。
- 影響力ある指導者たちに私たちを紹介する。

私たちは、受講希望者の経済的レベルの如何に関わらず、受講を希望するすべての人に受講してもらいたいと思います。寄付や助成金があれば、世界中の人にコネクション・プラクティス・コースに対する奨学金を提供することができるでしょう。もしご援助くださるなら、ご寄付を以下のサイトからお願いします。
www.connectionpractice.org/donate/

また、ご寄付をくださりそうな方がいましたらメールでinfo@connectionpractice.org 宛てにご紹介ください。

助成金申請書作成にご協力ください。

学校でコネクション・プラクティスを始める

あなたは学校にコネクション・プラクティスを導入することにワクワクしませんか？　以下はその方法です。

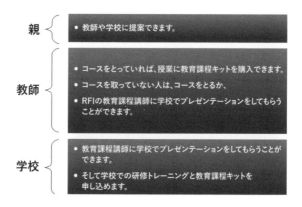

学校での研修トレーニングには二つのオプションがあります。

1．認定教育課程講師によるコネクション・プラクティス研修トレーニング（6時間）。その後講師が教室での教育課程の実践にサポートを提供する。

2．認定教育課程講師によるコネクション・プラクティス基礎コース・パート1（12時間）、さらに4時間の教育課程指導付き。教師たちは自分たちで教育課程を実践することができるようになるでしょう。

学校は、教育課程講師に保護者用のコース、放課後のプログラムや子家族のための夏休みキャンプを提供するよう依頼できます。

専門家となるプロセスを始める

　コネクション・プラクティスを学んだ後のあなたの影響力を低く見積もってはいけません。あなたは、お手本になることによって日々人々にポジティブな影響を与えることができるのです。コネクション・プラクティスを学んだ人々の多くは、体系的な方法で人々に伝えていきたいと思っています。

> コネクション・プラクティスを学んだ後のあなたの影響力を低く見積もってはいけません

　現在、バハマ諸島、カナダ、コスタリカ、日本、ニュージーランド、プエルトリコ、米国に100人以上の認定講師がいます。メキシコ、コロンビアなどの国々から、トレーニングの道を歩み出す人々がいますから、まもなくもっと多くの認定講師が生まれるでしょう。彼らが共感と洞察のダンスをマスターすれば、内面的な自信を獲得して、彼らの教えるコースを豊かで影響力に富むものにすることでしょう。

　トレーナーかコーチとして認定を受けるトレーニングの過程はシンプルです。（※最新情報は rasurjapan.com をご参照ください）

1. **コネクション・プラクティス基礎コースをとる。**
   （32時間コースか各12時間のパート1・2・3）
2. **ファシリテーターコースを取って、基礎コースの中で少人数のグループをファシリテートする。**（32時間のコースでは8時間のファシリテータートレーニングが必要。パート1、2、3コースでは3時間のファシリテータートレーニングが必要。）
3. **ラスール認定コースを取る。**（必要時間は生徒の技量度による）

ラスールになった後は、学校で研修トレーニングを提供したければ、認定教育課程講師になる追加研修トレーニングを受けることができます。

資 料 集

原　注

1. "Quick Coherence Technique." Institute of HeartMath. Accessed January 13, 2015. heartmath.com/quick-coherence-technique.

2. Fein, Robert A., Bryan Vossekuil, William S. Pollack, Randy Borum, William Modzeleski, Marisa Reddy. "Threat Assessment in Schools: A Guide to Managing Threatening Situations and to Creating Safe School Climates." U.S. Department of Education, Office of Elementary and Secondary Education, Safe and Drug-Free Schools Program and U.S. Secret Service, National Threat Assessment Center, 2002:12. Accessed January 13, 2015. www.secretservice.gov/ntac/ssi_guide.pdf.

3. Brown, Brené. Daring Greatly: How the Courage to Be Vulnerable Transforms the Way We Live, Love, Parent, and Lead. New York: Penguin Group (USA) Inc., 2012: 145.（邦訳：ブレネー・ブラウン、『本当の勇気は弱さを認めること』門脇陽子訳、サンマーク出版、2013年）

4. Brenes Mesén, Roberto. Rasur o Semana de Esplendor. Heredia: Trejos Hermano, 1998.

5. Goleman, Daniel. Emotional Intelligence: 10th Anniversary Edition; Why It Can Matter More Than IQ. New York: Bantam Dell, 2006.

6. "HeartMath System FAQs." Institute of HeartMath. Accessed January 13, 2015. heartmath.org/index.php?tmpl= component&option=com_content&id=156.

7. Childre, Doc, Howard Martin, and Donna Beech. The HeartMath Solution. New York: Harper Collins, 1999: 37–38.

8. "The Amygdala: Definition, Role & Function." Education Portal. Accessed January 13, 2015. education-portal.com/academy/ lesson/the-amygdala-definition-role-function.html.

9. Institute of HeartMath, The Resilient Educator Trainer Manual. Boulder Creek: Institute of HeartMath; 2006:17–18.

10. Rozman, Deborah, Rollin McCraty, and Jeffrey Goelitz. "The Role of the Heart in Learning and Intelligence: A Summary of Research and

Applications with Children." Institute of HeartMath, 1998; 6. Accessed January 15, 2015. http://www.heartmathbenelux.com/doc/Role_of_the_Heart%20in%20learning%20and%20intelligence.pdf.

11. McCraty, Rollin, Dana Tomasino, Mike Atkinson, Pam Aasen, and Stephanie J. Thurik. "Improving Test-Taking Skills and Academic Performance in High School Students Using HeartMath Learning Enhancement Tools." Institute of HeartMath, 2000. Accessed January 15, 2015. heartmathbenelux.com/doc/education %20improving-test-taking.pdf.

12. Bradley, Raymond Trevor, Rollin McCraty, Mike Atkinson, Lourdes Arguelles, Robert A. Rees, and Dana Tomasino. "Reducing Test Anxiety and Improving Test Performance in America's Schools: Summary of Results from the TestEdge National Demonstration Study." Institute of HeartMath, 2007: 4. Accessed January 15, 2015. heartmathbenelux.com/doc/Tends_Summary_Results%202007.pdf.

13. Bradley, Raymond, Mike Atkinson, Robert A. Rees, Dana Tomasino, and Patrick Galvin. "Facilitating Emotional Self-Regulation in Preschool Children: Efficacy of the Early HeartSmarts Program in Promoting Social, Emotional and Cognitive Development." Institute of HeartMath. 2009. Accessed January 15, 2015. heartmath.org/templates/ihm/downloads/pdf/research/publications/facilitating-emotional-self-regulation-in-preschool-children.pdf.

14. Lloyd, Anthony, David Brett, and Keith Wesnes. "Coherence Training In Children with Attention-Deficit Hyperactivity Disorder: Cognitive Functions and Behavioral Changes." Alternative Therapies, 16, no.4 (2010): 34–42. Accessed January 15, 2015. newvisionwilderness.com/assets/nvw/userfiles/file/Coherence-Children%20ADHD_Lloyd.pdf.

15. Subramaniam, Karuna, John Kounios, Todd B. Parrish, and Mark Jung-Beeman. "A Brain Mechanism for Facilitation of Insight by Positive Affect." Journal of Cognitive Neuroscience 21, no. 3 (March 3, 2009): 415–432. doi:10.1162/jocn.2009.21057.

16. "Physics: Discovery and Intuition." Physics Intuition Applications

Corporation. 2003. Accessed January 14, 2015. p-i-a.com/Magazine/Issue19/Physics_19.htm.

17. Samples, Bob. The Metaphoric Mind: A Celebration of Creative Consciousness. Boston: Addison Wesley Longman Publishing Company, 1976: 26.

18. "Defining Critical Thinking." Foundation for Critical Thinking. Accessed January 13, 2015. http://www.criticalthinking.org/ pages/defining-critical-thinking/410.

19. Frankl, Viktor. Man's Search for Meaning. Boston: Beacon Press, 2006. （邦訳：ヴィクトール・フランクル、『夜と霧』、池田香代子訳、みすず書房、2002年）

20. McCraty, Rollin, Bob Barrios-Choplin, Deborah Rozman, Mike Atkinson, and Alan Watkins. "The Impact of a New Emotional Self-Management Program on Stress, Emotions, Heart Rate Variability, DHEA and Cortisol." Integrative Physiological and Behavioral Science 33, no. 2 (April–June 1998): 159–160. Accessed January 14, 2015. heartmathbenelux.com/doc/DHEA_Cortisol_Study.pdf.

21. Wechsler, Amy. The Mind-Beauty Connection: 9 Days to Less Stress, Gorgeous Skin, and a Whole New You. New York: Free Press, 2008: 4 and 132.

22. Solon, Olivia. "Compassion over empathy could help prevent emotional burnout." Accessed January 15, 2015. wired.co.uk. July 2012. wired.co.uk/news/archive/2012-07/12/tania-singer-compassion-burnout.

23. Lieberman, Matthew D., Naomi I. Eisenberger, Molly J. Crockett, Sabrina M. Tom, Jennifer H. Pfeifer, and Baldwin M. Way. "Putting Feelings into Words: Affect Labeling Disrupts Amygdala Activity in Response to Affective Stimuli." Psychological Science 18, no. 5 (May 2007): 421–428. doi: 10.1111/j.1467-9280.2007.01916.x.

24. Lamm, Claus, C. Daniel Batson, and Jean Decety. "The Neural Substrate of Human Empathy: Effects of Perspective-taking and Cognitive Appraisal." Journal of Cognitive Neuroscience 19, no. 1 (January 2007): 42–58. doi:10.1162/jocn.2007.19.1.42.

25. Brown, Brené, The Gifts of Imperfection: Let Go of Who You Think You're Supposed to Be and Embrace Who You Are. Center City: Hazelden Publishing, 2010: 17. (邦訳：ブレネー・ブラウン、『「ネガティブな感情」の魔法：「悩み」や「不安」を希望に変える10の方法』、本田健訳、三笠書房、2013年)

26. Kennelly, Stacey. "Educating for Empathy." Greater Good Science Center. July 18, 2012. Accessed January 15, 2015. greatergood.berkeley.edu/article/item/educating_for_empathy.

27. Thoreau, Henry David, Walden. 1906:11. Accessed January 15, 2015. walden.org/documents/file/Library/Thoreau/writings/Writings1906/02Walden/Walden01Economy.pdf.

28. Pennebaker, James. "Writing to Heal." University of Texas at Austin. March 15, 2005. Accessed January 15, 2015. http://www.utexas.edu/features/2005/writing.

29. "Ask a UT psychologist (emotional well-being)--James Pennebaker." YouTube Video, 3:15. Posted by The University of Texas at Austin, August 1, 2011. Accessed January 16, 2015. http://youtu.be/tsV_oQC7n8k.

30. Lieberman, 2007.

31. Lamm, 2007.

32. Subramaniam. 2009.

33. Chida, Yoichi, Mark Hamer, Jane Wardle, and Andrew Steptoe. "Do Stress-Related Psychosocial Factors Contribute to Cancer Incidence and Survival?" Nature Reviews Clinical Oncology 5 (August 2008): 466–475. doi: 10.1038/ncponc1134.

34. Childre, Doc. De-Stress Kit for the Changing Times. Institute of HeartMath, 2008: 13. Accessed January 15, 2015. nwmedicalhypnosis.com/documents/destress-kit.pdf.

35. Villeneuve, Paul, David A. Agnew, Anthony B. Miller, Paul N. Corey, and James T. Purdham. "Leukemia in electric utility workers: The evaluation of alternative indices of exposure to 60 Hz electric and magnetic fields." American Journal of Industrial Medicine 37, no. 6 (June 2000):

607–617. doi: 10.1002/(SICI)1097-0274(200006)37:6<607::AID-AJIM5>3.0.CO;2-L.

36. Villeneuve, Paul, David A. Agnew, Anthony B. Miller, and Paul N. Corey. N. "Non-Hodgkin's Lymphoma Among Electric Utility Workers in Ontario: the Evaluation of Alternate Indices of Exposure to 60 Hz Electric and Magnetic Fields." Occupational and Environmental Medicine 57, no.4 (April 2000): 249–257. doi:10.1136/oem.57.4.249.

37. Maté, Gabor. When the Body Says No: Exploring the Stress- Disease Connection. Hoboken: John Wiley & Sons, Inc., 2003: 38. （邦訳：ガボール・マテ、『身体が「ノー」と言うとき—抑圧された感情の代価』、伊藤はるみ訳、日本教文社、2005 年）

38. "Youth Violence and Alcohol Fact Sheet." World Health Organization. 2006:1. Accessed January 16, 2015. who.int/violence_injury_prevention/violence/world_report/factsheets/ft_youth.pdf.

39. "Youth Risk Behavior Surveillance—2013." Centers for Disease Control and Prevention. Morbidity and Mortality Weekly Report Surveillance Summaries, 63, no. 4:11–12. Accessed January 15, 2015. cdc.gov/mmwr/pdf/ss/ss6304.pdf.

40. "Leading Causes of Death Reports, National and Regional, 1999–2012." Centers for Disease Control and Prevention. Accessed January 15, 2015. webappa.cdc.gov/sasweb/ncipc/leadcaus10_us.html.

41. Bridgeland, John M., John J. Dilulio, and Karen Burke Morison. "The Silent Epidemic: Perspectives of High School Dropouts." Washington, D.C.: Civic Enterprises, LLC, March 2006: iii. Accessed January 15, 2015. docs.gatesfoundation.org/Documents/thesilentepidemic3-06final.pdf.

42. Hawkins, J. David, John W. Graham, Eugene Maguin, Robert Abbott, Karl G. Hill, and Richard F. Catalano. "Exploring the effects of age of alcohol use initiation and psychosocial risk factors on subsequent alcohol misuse." Journal of Studies on Alcohol 58, no. 3 (1997):280–290.

43. "Advanced Social and Emotional Learning: Strategic Approach." NoVo Foundation. January 2012. Accessed January 13, 2015. novofoundation.org/

advancing-social-and-emotional-learning/strategic-approach.

44. Stern, Robin. "Social and Emotional Learning: What is it? How can we use it to help our children?" NYU Child Study Center. Accessed January 15, 2015. aboutourkids.org/articles/social_emotional_learning_what_it_how_can_we_use_it_help_our_children.

45. Bridgeland, John, Mary Bruce, and Arya Hariharan. "The Missing Piece: A National Teacher Survey on How Social and Emotional Learning Can Empower Children and Transform Schools: A Report for CASEL." Chicago: Civic Enterprises, 2013:5. Accessed January 15, 2015. http://static1.squarespace.com/static/ 513f79f9e4b05ce7b70e9673/t/526a2589e4b01768fee91a6a/1382688137983/the-missing-piece.pdf.

46. "BePeace (The Connection Practice) at Oakley Elementary School." YouTube Video, 5:23. Posted by Rasur Foundation International, December 30, 2014. youtu.be/0rs-o-f4TZg.（YouTubeビデオ：『オークリー小学校のBePeace（コネクション・プラクティス）』

47. "Workplace Conflict and How Businesses Can Harness It to Thrive." Consulting Psychologists Press, July 2008:3. Accessed January 15, 2015. cpp.com/pdfs/CPP_Global_Human_Capital_Report_Workplace_Conflict.pdf.

48. Anders, George. "The Number One Job Skill in 2020." LinkedIn, June 11, 2013. Accessed January 16, 2015. linkedin.com/today/post/article/20130611180041-59549-the-no-1-job-skill-in-2020?trk=tod-home-art-large_0.

49. Culture of Empathy Builder: Daniel Goleman. Culture of Empathy. November 26, 2014. Accessed January 16, 2015. http://cultureofempathy.com/references/Experts/Daniel-Goleman.htm.

50. Goleman, 2006: xii.

51. Baer, Drake. "Emotional Intelligence Predicts Job Success: Do You Have It?" Fast Company, December 16, 2013. Accessed January 16, 2015. fastcompany.com/3023335/leadership-now/emotional-intelligence-predicts-job-success-do-you-have-it.

52. Kriegel, Robert J., and David Brandt. Sacred Cows Make the

Best Burgers: Developing Change-Ready People and Organizations. (Google eBook). Grand Central Publishing, 2008. Accessed January 16, 2015. http://books.google.com/books?id=0mU1M1aQw7kC&printse=frontcover&source=gbs_ge_summary_r&cad=0#v=onepage&q&f=false.

53. Crabb, Larry. Connecting: Healing for Ourselves and Our Relationships, a Radical New Vision. Nashville: W Publishing Group, 1997. Kindle edition. Locations 3686–3687, 186–187, and 3792–3793.

54. Bohm, David, "Interviews: Touch the Future." Accessed January 15, 2015, ttfuture.org/authors/david_bohm. Adapted from an informal talk given by professor Bohm in Santa Monica, California in 1981. Also included are several brief passages from two additional sources: Thought as A System (1990), and Changing Consciousness (1991).

55. Brenes Mesén, 1998.

56. UNICEF. 2015. "Communication for Development." UNICEF Bosnia and Herzegovina—Resources. Accessed February 18, 2015. http://www.unicef.org/bih/resources_24836.html.

57. "Resolution Adopted by the General Assembly: 52/13. Culture of Peace." United Nations, 1998. Accessed January 15, 2015. http://www3.unesco.org/iycp/kits/res52-13_en.htm.

58. Sherman, Lawrence W., and Heather Strang. "Restorative Justice: The Evidence." London: The Smith Institute. 2007; p. 63. Accessed January 16, 2015. iirp.edu/pdf/RJ_full_report.pdf.

59. "Delivers First Civic Center for Peace in Garabito." Ministry of Justice and Peace, Republic of Costa Rica. April 29, 2014. Accessed January 16, 2015. mjp.go.cr/Informacion/VisorNoticias. aspx?new=38.

60. "Workshop Training of Trainers in Community Mediation and Multi-Party Mediation." Ministry of Justice and Peace, Republic of Costa Rica. October 31, 2014. Accessed January 16, 2015. mjpmjp. go.cr/Informacion/VisorNoticias.aspx?new=132.

61. Camus, Albert, The Myth of Sisyphus and Other Essays. Translated by

Justin O'Brien. New York: Vintage Books, 1991:202（邦訳：アルベルト・カミュ、『シーシュポスの神話』、清水徹訳、新潮文庫、1969年）

用語解説

- **コヒーランス** *Coherence*
  ハート（心臓）、思考、感情が集中して整い、協調している状態；それらが同期している。
- **共感** *Empathy*
  自分自身や相手の経験を、それを照らし合わせることなく、感じる能力。
- **ハート（心臓）／脳・洞察** *Heart-Brain Insight*
  ハート／脳のコヒーランスから始まり、次に「私はなにを知る必要があるだろう？」と尋ね、聴き、そして人生に役立つアイデアを受け取るプロセス。
- **統一した正直さ** *Integrated Honesty*
  対立する両者のニーズを、問題に関わるすべての新しい洞察と併せて考慮に入れる正直さ。
- **ラスール** *Rasur*
  ラスール・ファンデーション・インターナショナルによって、コネクション・プラクティスとBePeaceプラクティスのコーチ、トレーナー、および／または教育課程・インストラクターに認定された人。この名称は、つながりのスキルに長けた神秘的な教師についてのコスタリカの詩、『ラスール』に由来する。
- **リストラティブ・ジャスティス（修復的司法）** *Restorative Justice*
  対立するグループ間に関係を築く対立解決法。可能であれば、被害を受けたり傷ついたことを回復する。
- **自己共感** *Self-Empathy*
  自分自身の感情とニーズに名前をつけ、経験するプロセス。
- **社会情動的スキル**
  Social and Emotional Learning(SEL) と Social-Emotional Intelligence（SEI）の訳語として日本の文部科学省が2019年にこの言葉を使い始めた。それをきっかけに、私たちの訳語「関係性・感情の知性」を「社会情動的スキル」に改めた。

- **思い切った正直さ** *Stand-Up Honesty*
  勇気と相手への共感、そして判断をしない正直さを併せ持って率直に言うこと。
- **BePeace プラクティス** *The BePeace Practice*
  信仰に根ざしたコミュニティなどで教える際のコネクション・プラクティスのバージョン。BePeaceは特定の信仰を奨励しないが、個人の成長がスピリチュアルな成長につながっていることを認めている。
- **コネクション・プラクティス** *The Connection Practice*
  共感と洞察を合体して、社会情動的スキルを築く、科学的に基づく方法。コネクション・プラクティスは3つのアクティビティで構成される。

  1．つながりのプラクティス：共感と洞察を合体して、日々の課題を解決し人生を祝うステップ。

  2．つながりの道：共感と洞察の段階的経験を通して、相手や自分自身との困難な対立を解決するツール。

  3．つながりの調停：共感と洞察を組み入れた対立介入。

本書の実習方法（ブック・スタディ）

　本書のブック・スタディが週ごとに進み、そして参加者のコネクション・プラクティスのスキルが磨かれるにつれ、以下の内容はもっと経験に裏打ちされたものになります。従って、最初の方の章は討論・質問が多く、後の方の章は質問が減ってアクティビティが増えています。

第1章　混乱からつながりへ

1．つながりをどう定義しますか？

2．どのようなつながりの欠如を過去に経験しましたか？　現在は？　それらの状況でつながりの欠如によりどんな結果に直面しましたか？

3．あなたの属するコミュニティーでどんなつながりの欠如を見聞きしますか？　あなたの国では？　世界では？　それらの状況から、どんな結果が観察されますか？

4．あなた自身とつながっているためにどんな方法を使っていますか？　他の人とは？

5．あなたはいじめにあったことがありますか、またはそうなった人を知っていますか？　あなたは誰かをいじめたことがありますか？　そのやりとりの結果はどうなりましたか？　そのことに満足しましたか？　もしそうでなければ、どう違っていたでしょう？

6．あなたは、問題にあまりにも長く縛られたために、人生を無駄にしていると感じたことがありますか？　なにが起きましたか？　なにが助けになったでしょう？

7．あなた自身や相手とつながることを学ぶことから、どのような結果が得られますか？

第2章 "ハート／脳・コヒーランス"が洞察に導く

1．あなたが過去に経験した痛みを伴う記憶を、今になってときどき追体験することに気づいていますか？ 過去を思い出させることでスイッチが入り、見境なく行動してしまうことがありますか？ 代わりにどのように対応したいですか？ そのような反応から自由である状態を想像できますか？

2．人生の問題について考え、それに対するあなたが知っている最善の解決法を書いてください。

3．あなたが容易に感謝することができる、温かい感情を呼び起こす何かを選んでください。それからクイック・コヒーランス・テクニックの3つのステップを試してみてください。各ステップに十分な時間を取ってください。ハートにフォーカス、ハートで呼吸、ハートで感謝(詳細は2章に)。どのように感じましたか？

4．あなたが2番で書いた問題に戻ってください。クイック・コヒーランスのステップから始めて洞察にアクセスしてください。コヒーランスの状態にあると思ったとき、その問題についてあなたが知る必要があることをあなたのハートに尋ねてください。耳を傾け、答えがきたら、書き留めてください。この答えは2番の答えと違っていますか？ どう違いますか？

5．どんな風に洞察はあなたにやってきますか？ 絵で？ 言葉で？ 強い感情を伴って、ですか？

6．ときどきあなたは洞察にアクセスしているのか、それともあなたの頭の中で作り上げているだけではないかと疑問に思うことはありますか？　あなたが真実でパワフルだと確信できた洞察を得た時のこと考えてみて下さい。それがやって来た後、どんな風に感じましたか？　解決法を考えたときのことを考えて見てください。しかし、そのときは後に特別な感情はなかったはずです。これが二つの経験の違いを見分けるヒントになりますか？

7．あなたはあなたの人生を変える「あっ、そうか！」体験をしたことがありますか？　洞察を得る直前の感情はどんな風でしたか？

8．あなたは夢を通じて洞察を得たことがありますか？　もしあれば、描写してください。その夢を見るにあたってどんな刺激があったと思いますか？

9．あなたは洞察にしたがって行動したけれど、思った通りの結果にならなかったことがありますか？　何が起こりましたか？　次はなにを変えてみようと思いますか？

10．後になって初めてやっとわかった洞察を得たことはありますか？

第3章　感情とニーズに名前をつけることで共感を導く

1．誰かから共感されたことで最も記憶に残る経験はなんですか？　ほかの人たちがあなたに応答したやり方とはどのように違っていましたか？

2．未だにありありとネガティブな感情が残っている最近の状況を考えてください。3章に挙げられているリストを使って、あな

たの感情とニーズのすべてを書き出してください。そして、その後どのように感じるかに気づいてください。もしあなたの状況に関するネガティブな感情が薄らいでいたら、あなたはたったいま自己共感を経験して問題に対応したのです。

3. ステップ2をもう一度やってみてください。ただし、ポジティブな感情を持つ状況を使ってください。やった後、どのように感じますか？

4. あなたのニーズに名前をつけると、どのように感じますか？食べ物やアルコール、ドラッグ、タバコに依存するように、無意識のうちに自分のニーズを満たしていると思いますか？

5. パートナーを選んで、あなたが対立している人物を演じてもらってください。対立している状況を説明してください。それから、感情とニーズリストを使って、あなたを悩ませている人物の感情とニーズを敬意を持って推測してみます。あなたの共感は効果的だったかどうか、パートナーにフィードバックを求めてください。

6. あなたはネガティブな感情にとらわれた経験がありますか？どうやってそこから抜け出しましたか？

7. ほかの人の問題に対してあなたが最もよくする習慣的な反応は何ですか？ アドバイス？ 状況を軽く見る？ 教育する？ あなたが経験したよく似た問題をシェアする？ あなたの問題に他の人がそのように反応したら、あなたはどのように感じますか？

8. あなたのニーズを満たしていないと、あなたが誰かを責めたときのことを思い出すことはできますか？ そのようなニーズを満たすために他に何かオプションはありませんでしたか？

9. あなたの正直さに蓋をしたことはありますか？ あなたの正直さを誰かに対する攻撃として表現したことはありますか？ あなたの正直さを表現したいけれど、それに対して躊躇を覚える相手のことを考えてください。クイック・コヒーランス・テクニックを使って、それについて知る必要のあることは何か尋ねてください。耳を澄ませ、それから答えを書き留めます。何が見つかりましたか？

10. 対立している状況で、最初に共感を与え、それからあなたの正直さを出そうとしたことはありますか？ どんな風に行きましたか？ 何があなたにとってより容易ですか？ 共感を与えること、それとも正直に表現すること？なぜですか？

第4章　共感＋洞察＝コネクション・プラクティス

1. あなたの人生で、内面的な強みのどれを最も頼りにする傾向がありますか？ 共感ですか？ 洞察ですか？ 他の強みとのバランスが必要だった時のことを思い出せますか？

2. あなたは落ち着こうとする意欲がなくなるほど動転した状況を経験したことがありますか？ その結果はどうなりましたか？

3. あなたは、または他の人が直感を傲慢な方法で表現したことがありますか？ 何が起こりましたか？

4. あなたは共感が惨めな気持ちに変わるような経験をしたことがありますか？ または他の人の経験を目撃したことはありますか？ 何が起きましたか？

5．あなたの人生で最良の時の瞬間を思い浮かべてください。それからクイック・コヒーランス・テクニックの最初の二つのステップをやってください。3番目のステップに移る時、あなたが普段使っている感謝の対象を使ってください。それから一旦コヒーランスを達成したら、あなたが人間として輝いていた瞬間に感謝をし始めてください。できるだけ長くその自分への感謝の状態に留まってください。その後、サポートしている人に、この経験をシェアしてください。

6．ニーズを満たすため、または問題を解決するために、特定の手段にこだわったときのことを思い出せますか？ 何が起こりましたか？

7．感情的安全や受容、尊敬、信頼、サポートといった、頻繁に経験する満たされないニーズがありますか？ あなたの人生で、このニーズが満たされることはないだろうという認識になったトラウマを思い出すことができますか？ このニーズを満たすことができると自分に教えるためには、どのような手段を取ることが可能ですか？

8．「私がすべて」という見方から生きると、どのような結果になりますか？ 「あなたがすべて」という見方からは？ 「私たちがすべて」では？ このような見方の利点と欠点はなんですか？

9．あなたは人生に変化を求めるニーズを感じていますか？ もしそうなら、それらの変化のガイド役としてコネクション・プラクティスが役に立つツールであることがわかりますか？

第5章　コネクション・プラクティスをつかって困難な課題を克服する

1．あなたは手痛い裏切りにあったことがありますか？　「習慣づける」のつながりのプロセス概要を使ってください。今はどう感じますか？

2．インナーワークによって、肉体的な病気を癒そうとしたことがありますか？　どのようにしましたか？　うまく行きましたか？　コネクション・プラクティスは癒しの助けになったでしょうか？

3．今現在、あなたがつながりのプロセスをやってみたいと思う困難な課題を抱えていますか？　パートナーを見つけて次ページのワークシートを使い、この困難な課題に取り組む助けにしてください。

4．あなたはあなたの個人的な成長を毎日振り返る時間を取るのが難しいですか？　なぜですか、またなぜそうでないのですか？　あなたの人生を振り返るための静かな場所がありますか？　つながりのプロセスを毎日の習慣にすることに興味がありますか？　なぜですか、またなぜないのですか？

5．あなたがプロセスに取り組むとき声に出してやる方がよいですか？　集中できるよう、話しかけるための絵といった物がなにかありますか？

6．あなたが感情に翻弄されるとき、どのような肉体的な活動がそれを乗り越えるのに役立ちますか？　その活動の最中または後に、あなたの感情を表現できますか？

7．あなたはパートナーとつながりを練習したいですか？ 一緒に練習できるパートナーはいますか？ もしいなければ、その役目を果たせそうな人を思い浮かべられますか？

8．あなたの地域にコネクション・プラクティス・グループはありますか？ もしあれば、定期的な練習に参加することを検討しますか？もしなければ、グループを指導するラスールがいたなら新しいグループを始めることを検討しますか？

9．今日は何を祝福しますか？ 第3章のリストを使って、あなたの感情と満たされたニーズを特定し、コヒーランスになり、洞察に耳を傾けてみてください。このあなたの人生における幸せな瞬間からもっと得るものはありましたか？

10．あなたの人生のどんな問題に関してでもよいですから、自分に「私の何がいけないの？」と尋ねたときのことを思ってください。では、「何が私に起こっていたの？」と尋ねてください。どのように反応が違いますか？

パートナーとのつながりのプロセス

	シェアする人	パートナー
1	パートナーにあなたの困難な課題または祝福をかいつまんでシェアしてください。プロセスにはシェアする人各々15分ほど必要ですから、物語りに入るのは避けるようにしましょう。	オープンハートで聴いてください。そこにいてください。「あなたが…と感じているのは…が必要だからですか?」と聞き、感情とニーズを推測してください。
2	推測に正直に答えてください。	
3	もし問題に他の人が関わっていたら、その人の感情やニーズも推測してください。	問題に関わっている他の人の感情とニーズを推測するのを手伝ってください。シェアする人の推測に応えてください。
4	パートナーがクイック・コヒーランス・テクニックをリードして、シェアする人がハート・コヒーランスを達成するようにしてください。「ハートにフォーカス、ハートで呼吸、そしてハートに感謝を感じてください」	
5	「私は何を知る必要がありますか?」と尋ねてハート/脳・洞察にアクセスしてください。パートナーと洞察をシェアしてください。	コヒーランスに留まってください。
6		洞察がシェアする人のニーズを満たしたか尋ねてください。もしまだ満たされていないニーズがあったり、当事者がもっと明晰さが必要ならハート/脳・洞察をもう一度行ってください。
7	あなたの答えにしたがった行動計画をシェアしてください。もし他の人が問題に関わっているなら、感情やニーズを推測することによって、その人と共感的なつながりをつくる計画を立ててください。共感が先です。	行動計画とシェアする人を適切にサポートしてください。

第6章 学校と家庭でつながりをつくる

1．あなたは学校内の暴力を減少させるためにどんな解決方法が一番効果があると思いますか？

2．あなたは学校時代の痛みを伴う記憶を今も持っていますか？ パートナーを見つけて、あなたを傷つけた人のロールプレイをしてもらってください。パートナーの役目は、何が起こったかあなたが説明するのを聞き、それから第3章の感情とニーズリストを使って、そのことに伴うあなたの感情やニーズを推測することです。

3．あなたは理想的な学校のビジョンがありますか？ それには関係性・感情の学びが入っていますか？ このビジョンがどのように展開されると思いますか？

4．親の育て方についてあなたは未だに痛みを伴う記憶を抱えていますか？ パートナーを見つけて、あなたの両親の一方のロールプレイをしてもらってください。パートナーの役目は、何が起こったかあなたが説明するのを聞き、それから第3章の感情とニーズリストを使って、そのことに伴うあなたの感情やニーズを推測することです。今度はあなたの親の感情やニーズを推測してみてください。あなた自身とあなたの親に対して共感を得たら、コヒーランスに移り、洞察を聴いてください。あなたの洞察をパートナーとシェアしてください。今はどのように見えますか？

第7章　ビジネス、非営利団体、政府、高等教育でのつながり

1. うまくいかなかったビジネスのことで対立問題を抱えたことがありますか？　ロールプレイであなたが対立している人になってくれるパートナーを見つけてください。パートナーに状況を説明します。それから、感情とニーズリストを使って、あなたが対立している人の感情とニーズを推測してください。パートナーに共感できたら、起きたこと、あなたが感じたこと、そしてあなたが必要とする、あるいはあなたに大事なことを言って、正直さを表現してください。リストを使って、感情とニーズにフォーカスしつづけ、脱線してジャッジメントや非難にならないようにしてください。正直さを表す際は、分裂を引き起こすのではなく、つながりに基づくような言葉を選ぶ必要があることを忘れないでください。ロールプレイの後、あなたがより強いつながりを築けたか評価してください。

2. 対立解決の決まりがあるビジネスを知っていますか？　コネクション・プラクティスがその組織に導入されたら、その決まりはどのように変わるでしょうか？

3. ビジネスのグループにハート／脳・洞察を使うことにどのような利点があるでしょう？　ビジネスの人たちにこの方法を紹介するのにどんな戦略が使えますか？

4. この章を読んで、コネクション・プラクティスがビジネスや政府、非営利団体、高等教育の文化風土にどのように適応すると思いますか？

5. あなたがコネクション・プラクティスについて、ある政治家と話す約束をしたと想像してください。この会合であなたと一緒になる政治家を演じるパートナーを見つけてください。パート

ナーの仕事は校内暴力についてのあなたの考えと解決法としての社会情動的スキルの必要性の説明を聞くことです。それから、パートナーは3章のリストを使って、そのことについてのあなたの感情とニーズを推測するでしょう。そこで、政治家の感情とニーズを推測してみてください。その後に、コヒーランスに移り、洞察を聴きます。あなたの洞察をパートナーとシェアしてください。

第8章　BePeace プラクティス

1. うまく行っていない信仰に根ざしたコミュニティーの中で対立問題を抱えたことがありますか？　BePeace プラクティスによってどのように改善できたでしょう？

2. 信仰に根ざしたコミュニティーでの経験で、あなたはなにか痛みを伴う記憶を抱えていますか？　パートナー見つけて、あなたを傷つけた人のロールプレイを頼んでください。パートナーの仕事はあなたが起きたことを説明するのを聞き、感情とニーズリストを使って、あなたの感情とニーズを推測することです。共感が得られたら、一緒にコヒーランスに移り、洞察を聴いてください。洞察をパートナーとシェアしてください。いまはどのような気持ちですか？

3. 本質的にスピリチュアルと思える洞察を得たことがありますか？

4. あなたの信仰に根ざしたコミュニティーで、BePeace プラクティスをどのように使われるのがいいと思いますか？

5. BePeace プラクティスを、宗教間の対立を癒すためにどのように使えるでしょう？

第9章　よりつながった世界に向けて

1．あなたには、よりつながった世界はどう見えますか？

2．あなたはデービッド・ボームからの引用に同意しますか？　同意するしないにかかわらず、それはどうしてですか？

3．社会変革にコネクション・プラクティスをどう使いますか？　リストラティブ・ジャスティスの概念に同意しますか？

4．どうしたらマスコミをつながりに注目させることができるでしょう？

5．"よりつながった世界に向けて"の章にある「内から外へ、下から上へ、上から下に、四方八方へ」のモデルの中で、あなたはそのどこにいますか？

6．あなたが、あなたの国の指導者とコネクション・プラクティスについて話すことになっていると想像してください。この会話をロールプレイするパートナーを見つけてください。指導者に彼／彼女の最大の関心事について尋ねることから始めます。その後、あなたの仕事は3章のリストを使って指導者の感情とニーズを推測することです。ニーズがいったん確認されたら、あなたはコネクション・プラクティスがどう役立てると思うかを話します。それが終わったら、あなたのパートナーにその結果についてのフィードバックを尋ねてください。

第10章　新しい始まり

1. あなたの人生で楽しくない面が何かありますか？　つながりを実現することにかけてどのような飛躍的進歩がありましたか？　あなたの人生で、具現化したいと熱望しているものはなんですか？

2. 心の中を見ることに抵抗を感じていますか？　もしそうなら、コヒーランスに移り、そのことについてあなたが何を知る必要があるのか、自分自身に尋ねてください。なにが見つかりましたか？

3. あなたは認定コネクション・プラクティス・コーチ、トレーナー、あるいは教育課程講師になることを考えていますか？　あなたはコネクション・プラクティスをどこで教えるつもりですか？次のステップは何ですか？

4. あなたは、コネクション・プラクティスを自分の人生に使ったり、教えたりすることに何か不安がありますか？　パートナーを見つけて、パートナーとのつながりのプロセスをやってください。（その質問をプロセスするために以下のステップを参照）

5. あなたのブックスタディーグループの一人ひとりについてあなたが感謝することをひとつ言ってください。歌を歌うとか食事を一緒にするといった、あなたが共に経験したつながりをシェアする閉会のアクティビティを考えてください。

参考文献

コネクション・プラクティス、思いやり、共感

Armstrong, Karen. Twelve Steps to a Compassionate Life. 2010.

Arpa, Maria. The Heart of Mindful Relationships: Meditations on Togetherness. 2012.

Barasch, Marc. Field Notes on the Compassionate Life: A Search for the Soul of Kindness. 2005.

Brown, Brené. Daring Greatly: How the Courage to Be Vulnerable Transforms the Way We Live, Love, Parent, and Lead. 2012.（邦訳：ブレネー・ブラウン、『本当の勇気は弱さを認めること』門脇陽子訳、2013年、サンマーク出版）

Brown, Brené. The Gifts of Imperfection: Let Go of Who You Think You're Supposed to Be and Embrace Who You Are. 2010.

Bryson, Kelly. Don't Be Nice, Be Real: Balancing Passion for Self with Passion for Others. 2002.

Connor, Jane Marantz and Killian Dian. Connecting Across Differences: Finding Common Ground with Anyone, Anywhere, Anytime. 2012.

De Waal, Frans. The Age of Empathy: Nature's Lessons for a Kinder Society. 2009.（邦訳：フランス・ドゥ・ヴァール、『共感の時代へ―動物行動学が教えてくれること』、柴田裕之訳、紀ノ国屋書店）

Decety, Jean (editor). Empathy. 2011.

Decety, Jean and Ickes, William (editors). The Social Neuroscience of Empathy. 2011.

Eckert, Holly Michelle. Graduating from Guilt: Six Steps to Overcome Guilt and Reclaim Your Life. 2010.

Engler, Carol. The First Turning: A Vision of America and the World at Peace. 2014.

Dalton, Jane & Fairchild, Lyn. The Compassionate Classroom: Lessons That Nurture Wisdom and Empathy. 2004.

Gilbert, Paul. The Compassionate Mind (Compassion-Focused Therapy). 2009.

Goleman, Daniel. Emotional Intelligence: 10th Anniversary Edition. 2005.
Gordon, Mary. Roots of Empathy: Changing the World Child by Child. 2012.
Iacoboni, Marco. Mirroring People: The Science of Empathy and How We Connect with Others. 2009.（邦訳：マルコ・イアコボーニ、『ミラーニューロンの発見：「物まね細胞」が明かす驚きの脳科学』、塩原通緒訳、早川書房、2011 年）
Johnson, Rita Marie. The Return of Rasur (also El Regreso de Rasur). 2000.
Keysers, Christian. The Empathic Brain. 2011.（邦訳：クリスチャン・キーザース、『共感脳：ミラーニューロンの発見と人間性理解の転換』、立木教夫訳、麗沢大学出版部、2016 年）
Krznaric, Roman. Empathy: Why It Matters, and How to Get It. 2014.
McLaren, Karen. The Art of Empathy: A Complete Guide to Life's Most Essential Skill. 2013.
Miyashiro, Marie. The Empathy Factor: Your Competitive Advantage for Personal, Team, and Business Success. 2011.
Patnaik, Dev. Wired to Care: How Companies Prosper When They Create Widespread Empathy. 2009.
Perry, Bruce and Szalavitz, Maia. Born for Love. 2010.（邦訳：ブルース・ペリー、マイア・サラヴィッツ、『こどもの共感力を育てる』、戸根由紀恵訳、紀ノ国屋書店、2012 年）
Rifkin, Jeremy. The Empathic Civilization: The Race to Global Consciousness in a World in Crisis. 2009.

非暴力コミュニケーション

D'Ansembourg, Thomas. Being Genuine: Stop Being Nice, Start Being Real. 2007.（邦訳：トーマ・ダンサンブール、『「なんでわかってくれないの！」と思ったときに読む本』、高野優訳、紀ノ国屋書店、2004 年）
Goodfriend, Rick. I Hear You, But: Nonviolent Communication and Listening Skills: Tips for Improving All Relationships. 2009.
Hart, Sura and Victoria Kindle Hodson. The Compassionate Classroom: Relationship Based Teaching and Learning. 2004.

Hart, Sura, and Victoria Kindle Hodson. Respectful Parents, Respectful Kids. 2006.

Hart, Sura, and Victoria Kindle Hodson. The No-Fault Classroom: Tools to Resolve Conflict and Foster Relationship Intelligence. 2008.

Kashtan, Inbal. Parenting from Your Heart: Sharing the Gifts of Compassion, Connection, and Choice. 2003.

Kashtan, Miki. Spinning Threads of Radical Aliveness: Transcending the Legacy of Separation in Our Individual Lives. 2014.

Klein, Shari, and Neill Gibson. What's Making You Angry? Ten Steps to Transforming Anger So Everyone Wins. 2003.

Larsson, Liv. A Helping Hand: Mediation with Nonviolent Communication. 2010.

Lasater, Ike K., and Judith Hanson Lasater. What We Say Matters: Practicing Nonviolent Communication. 2009.

Lasater, Ike. Words That Work in Business: A Practical Guide to Effective Communication in the Workplace. 2010

Leu, Lucy. Nonviolent Communication Companion Workbook. 2003.

Mackenzie, Mary. Peaceful Living: Daily Meditations for Living with Love, Healing, and Compassion. 2005.

Prieto, Jaime L. The Joy of Compassionate Connecting: The Way of Christ Through Nonviolent Communication. 2010.

Rosenberg, Marshall. Being Me, Loving You: A Practical Guide to Extraordinary Relationships. 2005.

Rosenberg, Marshall. Getting Past the Pain Between Us: Healing and Reconciliation Without Compromise. 2003.

Rosenberg, Marshall. The Heart of Social Change: How to Make a Difference in Your World. 2003.

Rosenberg, Marshall. Life-Enriching Education: Nonviolent Communication Helps Schools Improve Performance, Reduce Conflict, and Enhance Relationships. 2003.

Rosenberg, Marshall. Nonviolent Communication: A Language of Life. 2003.

(邦訳：マーシャル・ローゼンバーグ、『NVC 人と人との関係にいのちを吹き込む法』、安納献監修、小川敏子訳、日本経済新聞出版社、2012 年)

Rosenberg, Marshall. Speak Peace in a World of Conflict. 2005.
Rosenberg, Marshall. The Surprising Purpose of Anger: Beyond Anger Management: Finding the Gift. 2005.
Rosenberg, Marshall. We Can Work It Out: Resolving Conflicts Peacefully and Powerfully. 2003.
Sears, Mel. Humanizing Health Care: Creating Cultures of Compassion with Nonviolent Communication. 2010.
van Deusen Hunsinger, Deborah, and Theresa F. Latini. Transforming Church Conflict: Compassionate Leadership in Action. 2013.

ハートマスと心臓脳

Childre, Doc and Martin, Beech. The HeartMath Solution. 1999.
Childre, Doc. Teaching Children to Love: 80 Games & Fun Activities for Raising Balanced Children in Unbalanced Times. 1996.
Childre, Doc and Rozman, Deborah. Transforming Anxiety: The HeartMath Solution for Overcoming Fear and Worry and Creating Serenity. 2006.
Childre, Doc and Rozman, Deborah. Transforming Depression: The HeartMath Solution to Feeling Overwhelmed, Sad, and Stressed. 2007.
Childre (née Paddison), Sara. The Hidden Power of the Heart.1998. Also e-book.
McCraty, Rollin. The Coherent Heart: Heart-Brain Interactions, Psychophysiological Coherence, and the Emergence of System-Wide Order. 2012.
Pearce, Joseph C. The Biology of Transcendence: A Blueprint of the Human Spirit. 2004.
Pearce, Joseph C. The Heart-Mind Matrix: How the Heart Can Teach the Mind New Ways to Think. 2012.
Pearsall, Paul. The Heart's Code: Tapping the Wisdom and Power of Our

Heart Energy. 1999.（邦訳：ポール・ピヤソール、『心臓の暗号』、藤井留美訳、角川書店、1999 年）

参考ウェブサイト
最新のリンクは以下を参照：
connectionpractice.org/rasurfoundation/about/suggested-websites

コネクション・プラクティス、思いやり、共感のウェブサイト
Center for Compassion and Altruism Research and Education (Stanford): ccare.stanford.edu/#1
Culture of Empathy, many resources here on empathy; website from Edwin Rutsch: cultureofempathy.com
Empathy as a Factor for Change, research on empathy and compassion: slideshare.net/LidewijNiezink/london-l-niezink-2012-empathy-as-a-factor-for-change-slideshare
Empathy Library, books and films regarding empathy: empathylibrary.com
Greater Good: Research about empathy and compassion, among other things: greatergood.berkeley.edu/about
Rasur Foundation International: connectionpractice.org
ラスールジャパン：rasurjapan.com

非暴力コミュニケーションのウェブサイト
Bay NVC (training organization in the Bay Area of California): baynvc.org
Center for Nonviolent Communication website: cnvc.org
Jim Manske and Jori Manske's website, NVC trainers; many resources for listening and reading: radicalcompassion.com. Based in Hawaii.
Maine NVC Network; resources and articles available: mainenvcnetwork.org/index.htm
NVC Academy—a wealth of online resources and tele-classes from Certified NVC trainers: nvctraining.com

NVC Boston, a group of NVC trainers who offer workshops and classes in Massachusetts and New York: nvc.boston.org

NVC Dance Floors, info on the NVC Dance Floors, developed by Bridget Belgrave and Gina Lawrie (kinesthetic way to learn NVC): nvcdancefloors.com

Restorative Circles (which are inspired by the principles of NVC and the principles of restorative justice) and Dominic Barter: restorativecircles.org

Robert Gonzalez's website, based in Portland, Oregon, offers training related to embodied spirituality at the root of NVC: living-compassion.org.

Speaking Peace, NVC organization in Ohio which offers many trainings: speakingpeace.org

Sura Hart and Victoria Kindle Hodson's website: thenofaultzone.com

NVC Japan: http://nvc-japan.net/

ハートマスと心臓脳のウェブサイト

The Institute of HeartMath in Belgium, the Netherlands, Germany and Luxembourg: heartmathbenelux.com.

The Institute of HeartMath in Mexico: corente.mx

The Institute of HeartMath research: heartmath.org

The Institute of HeartMath products and services: heartmath.com

著者について

リタ・マリー・ジョンソンの人生は、つながりをつくることがすべてだ。教育者、著者、講演者、受賞歴のある革新者、そしてラスール・ファンデーション・インターナショナルの創始者兼 CEO として、彼女は重要な個人的、社会的な課題に強力で実際に役立つ解決法を創造し、10 年以上に渡りそのさまざまなアイデアと方法を世界中に共有している。

　人間の対立に、より平和的な解決法を探求する取り組みから始まったことが、私たちの計り知れない知性と、同じように巨大な共感能力とをつなげるという素晴らしい方法に行き着いた。つまり、私たちが自分自身とつながると、他者とつながる能力と意欲が高まるのだ。

　彼女は、脳とハート（心臓）、感情とニーズ、洞察と共感をつなげることによる相乗効果の結果、私たちの関係性・感情の知性が最大限に高まり、レジリエンス（しなやかさ）が増大し、活動能力が高まることを発見した。コネクション・プラクティスと呼ばれる彼女の方法は、いま個人や学校、ビジネス、各団体によって利用され、個人的な心身の幸福を増進し、対立やいじめを減らし、コミュニケーションと協力を促進し、活動能力を増大させている。

　2004 年にジョンソンがコスタリカの公立学校にこの方法を導入し始めて以来、現在まで 1,500 人近い教師たちがトレーニングを受け、40,000 人近い生徒たちがその恩恵に浴している。年次評価は、いじめや不寛容、対立、暴力、不品行の報告が減少したことを明らかにしている。コネクション・プラクティスによって、彼女は 32 カ国 79 のプロジェクトから選ばれ、アショカ・チェンジメイカー・イノベーション賞を受賞した。

　ジョンソンはコスタリカに平和省をつくる法案を 2006 年に起草し、それはノーベル平和賞受賞者のオスカー・アリアス大統領によっ

て承認された。法案は2009年に成立した。

　2010年、ジョンソンはコネクション・プラクティス基礎コースを、国際的指導者たちの大学院であるコスタリカの国連平和大学で教え始めた。

　RFI認定トレーナーたちによって、コネクション・プラクティスは急速に米国に広がっている。2012年ヒューストンでの最初の学校の試験プロジェクトが成功したとされた。次にフォートワースのセイント・リタ学校がプラクティスを採用した。現在フロリダ、カリフォルニア、ウィスコンシンなどの学校で教育課程を実施中だ。コネクション・プラクティスはまた依存症回復センター、家庭内暴力に取り組む非営利団体、信仰に根ざしたコミュニティー、治療マッサージセンター、放課後プログラムで採用されている。

　米国やカナダ、日本、ヨーロッパ、中央アメリカでセミナーを開くことに加え、ジョンソンは2009年ワシントンDCの平和省会議と平和省グローバルサミット、そして2013年のロータリー国際会議での基調講演者だった。どこでも参加者たちは彼女の信頼性とこれまでにない解決法を受け入れている。

　『完全につながる─コネクション・プラクティス─平和を生み出す、脳と心臓の使い方』は彼女の物語であり、コネクション・プラクティスの重要な特徴と利点を明確に説明している。ジョンソンは米国に住み、世界的に活動している。ラスール・ファンデーション・インターナショナルの本部はカリフォルニア州サンホセにある。

　問い合わせは：www.connectionpractice.org

コネクション・プラクティス　基礎コースの紹介

- **基礎コース：パート1**
  つながりのプロセス　自分の中に平和をつくる
  感情とニーズを見つけることで共感をもたらし、脳とハート（心臓）のコヒーランス（同調）によって洞察を得る「つながりのプロセス」を学びます。この実践により、自分自身の中に平和をつくることができます。

- **基礎コース：パート2**
  つながりの道　人との間に平和を生み出す
  非暴力コミュニケーション（NVC）の4つのステップを学び、共感とそうでないものをより明確にします。コヒーランスをしながら、自分の道（自己共感）、相手の道（共感）、二人の道（統合された正直さ）を歩き、最後に洞察に基づくリクエストをします。

- **基礎コース：パート3**
  つながりの調停　平和を取り戻す
  パート1、パート2で学んだことを駆使して、対立している二人の間に、つながりを強化し、平和を取り戻す調停者になる方法を学びます。つながりの調停は、あなたに平和を取り戻す力を与えます。

コネクション・プラクティスの利点

1．ストレスの即解消　2．ネガティブな感情からの解放
3．直感の開発　4．感情のバランス維持　5．対立の創造的解決

などの効果があることが確認されています。ラスールになると、正式にコネクション・プラクティスを教えることができます。

ラスールジャパンの会員になりませんか？

ラスールジャパンのミッションは、コネクション・プラクティスを教える認定講師「ラスール」を養成し、つながりのスキルを次世代に手渡すことです。日本各地で基礎コースを継続して開催できるよう、私たちのミッションをサポートする会員を募集します。

入会は年会費6,000円を以下の口座に振込み、メールでrasur.japan@gmail.com に、入会ご希望の旨を書いて送ってください。会員のみなさまには、メルマガを通して全国の基礎コース、入門コース、コスタリカやハワイツアー、ラスール候補生合宿などの情報をお知らせし、学びとつながりの機会を提供します。

- ゆうちょ銀行（ゆうちょ同士の場合）
  記号：10180　番号：69653961　名義：シャ）ラスールジャパン

- ゆうちょ銀行（他行からの場合）
  店名：〇一八（ゼロイチハチ）店番：018
  普通／口座番号：6965396　名義：シャ）ラスールジャパン

基礎コースのお問い合わせは：rasurjapan.com

訳者あとがき

　2009年、私と妻はコスタリカで開催されたBePeaceワークショップに参加していた。初日の主催者の挨拶になって、リタ・マリーが突然こう切り出した。「一昨日、私の夫から、ある女性と3年にわたって関係があることを告げられました」。それまで華やいだ雰囲気だった参加者たちにどよめきが起こった。
　「20年間お互いに信頼してやってきたと思っていた結婚生活が一瞬に崩れたことで、とても大きなショックを受けました……このような混乱した気持ちでワークショップをはたしてやっていけるのか不安でしたが……でもコヒーランスのおかげで、いまこうしてみなさんの前でシェアし、冷静さを保つことができています……私は大丈夫です、みなさんもご心配なく。ではワークショップを進めていきましょう」
　そしてその後は何事もなかったように、彼女はいつもの微笑みを絶やさず、ワークショップを成功裏に収めた。
　この間の経緯とそれから得た深い学びについてリタは本書で詳しく書いているが、私にとってこの日のことはコネクション・プラクティスによるコヒーランスのパワーをまざまざと目の辺りにする初めての経験になった。
　正直言ってその時は、この人は「尋常でない精神の持ち主に違いない」と思ったのだが、やがて自分自身がプラクティスの学びと経験を深め、そして何よりも過去1年の日本のコース受講者たちからほとんど例外なく、コヒーランスのパワーに驚かされる経験を報告されるようになって、その真価に改めて気づかされている。このプラクティスが日本の教育、社会、ビジネスといった社会のあらゆるレベルで与える影響を想像するだけでワクワクしてくる。本書がその橋渡しになることを確信している。

それにしても、私たちがクイック・コヒーランス・テクニックでハートにつながり、洞察を得た時のあの不思議な、そして奥深いところから湧いてくる喜びの感覚は何なのだろうか？

森田　玄
（コネクション・プラクティス認定トレーナー「マスターラスール」）

1990年に米銀を退職してから今日まで、地球環境を守り、平和な世界を創りたい一心で私がやってきたことは、ほぼすべて「空の稲妻に指示する」ことだった。今も目指していることは変わらないが、コネクション・プラクティスを実践するようになって、「空の稲妻を指し示す前に、まず、私の心にある嵐を鎮める」ことを心がけるようになった。怒りや悲しみでいっぱいのままでは、効果的な行動ができないことにようやく気づいたのだ。

感情とニーズを推察し特定することで得られる共感と、ハートと脳をコヒーランスに導くことで得られる洞察の驚くべき成果が本書に書かれているが、実際、それは私が教えても本当だった。長年の悩みが解決したり、歩行困難だった子どもが歩けるようになったり、別れようとしていた夫婦がやりなおせたり、とさまざまだが、あの洞察を得た瞬間の瞳の輝きを見て、何度感動したことか。しかも、心臓が動いていれば誰でもできるのだ！

私自身ちょっとでも悩んだり迷ったりしたら、すぐにコヒーランスになって洞察を求める。毎日やっているせいか、最近ではハートにフォーカスするとすぐ答がくる。それは往々にして、私が考えてベストだと思った答と違うことが多い。

2016年3月9日に友人の石井佑都杏さん（ゆっき〜）が48歳で他界した。その数日前から彼女のことが気になっていて、ハワイか

ら京都に電話を入れると彼女の父親から「たった今、亡くなりました」と告げられた。ショックだった。なんでそばにいてあげられなかったのだろう、と悔やんだ。

　もう会えないことが悲しくてコヒーランスをすると、ゆっき〜が溢れんばかりの笑顔で「痛みから解放されて自由になってとても幸せ」と言った。

　半年前に彼女をハワイの我が家で受け入れるかどうかを決めるときも、とても悩んだ。考えれば考えるほど責任が重すぎて怖くて、受け入れは「NO」だった。でもコヒーランスになると何度やっても「YES」なのだ。それで覚悟を決めてゆっき〜を受け入れた。脳は恐れるが、ハートは恐れないことを知った。

　それからハワイでおよそ2ヶ月を彼女と過ごした。毎日酵素たっぷりのご飯を食べて少し元気になったゆっき〜は、念願のホノルルマラソンに出場し、目標をはるかに超える7キロを歩いた。自分で決めた夢を実現し、私たちに愛と勇気を与えて彼女は旅立った。

　このプラクティスを知らなければこんな体験はできなかった。コヒーランスは末期のガンと闘う彼女の心にも平和をもたらした。コネクション・プラクティスを創り、私に教えてくれたリタと、これを受け取ってくれた皆さんに心から感謝している。一人また一人と、ハートと脳をつないで、一緒に夢を実現しましょう。

きくちゆみ
（コネクション・プラクティス認定トレーナー「マスターラスール」）

ハワイの海でごきげんのゆっき〜

日本語版によせて

　軍隊を廃止し平和の象徴とされるコスタリカという国で、私はコネクション・プラクティスを創りました。2回の原爆経験と70年以上平和憲法を維持してきた日本が、このプラクティスをもたらすことで平和の文化を率先して築こうとしているのは、私にとって驚きではありません。

　日本を訪れる度に、私はコネクション・プラクティスに対する反応の素晴らしさに驚かされます。認定トレーナー（ラスール）になることを選んだ人たちは、この手法を見事に自分のものとし、それ教えることに献身しています。そのような努力があるので、コネクション・プラクティスが日本に広まり、また学校で教えられる日が必ず来ると信じています。このような日本との深いつながりを持てたことに、こころから感謝します。

溢れる愛をもって
リタ・マリー・ジョンソン

ハワイの我が家でコヒーランスするゆっき〜
2016年5月1日、リタは彼女を「名誉ラスール」に任命した。

SPECIAL THANKS
この本の製作に貢献した仲間たち

岡田 元治（おかだもとはる）
（担当／校正）

田浦 佐知子（たうらさちこ）
（一社）ラスールジャパン実務チーム／ラスール
（担当／第2版校正）

岩屋 有希子（いわやゆきこ）
キャリアコンサルタント
コネクション・プラクティスは、シンプルなのに、とてもパワフル！大きな可能性を感じています。小学校で、子供達が取り組む姿を想像するとワクワクします。（担当／4・5・6章校正）

古賀 正裕（こがまさひろ）
グラフィックデザイナー
本書のデザインを施しながら、何度も「コヒーランス」に助けられました。支えてくれた妻・美佳と、二人の小さな息子たち、ハワイで共に過ごした友人ゆっき～へ。ありがとう。
（担当／装丁・書籍デザイン・詩訳）

瀬戸 真由美（せとまゆみ）
ライター
このスキルとの出会いに私が感動し、ワクワクしたように、この本を手に取り、未来への希望に胸を躍らせる人がいるでしょう。そんな本の誕生に関われたことを感謝します。
（担当／1・2・3・7・8章校正）

はらみづほ
歌うコピーライター＆エコライフ研究家／ラスール
この本と出合った人々が、脳と心臓のハーモニーを通して希望を生き始めますように。この本の誕生に関われたことに感謝を込めて…。
（担当／1～5章校正・表紙周りのコピーライティング）

岩渕 恵子（いわぶちけいこ）
マスターラスール／共育システム研究所代表
クイックコヒーランスが、人々の中に繋がりと心の平和をもたらす鍵になることを確信し、希望を持ちました。ラスールとして、人びとに叡智を伝えていきます。（担当／1・2・3章校正）

川口 久美子（かわぐちくみこ）
（一社）ラスールジャパン共同創設者／マスターラスール
共感と洞察を合わせて得られる現象は、本当に深遠で愛と感動にあふれています。このスキルを多くの人に伝えていくことが必ず平和な未来につながると確信しています。出会えたことに感謝。
（担当／6章・巻末校正）

鈴木 明菜（すずきあきな）
初子育て中の主婦／ラスール
コネクション・プラクティスの実践で、わたし自身とのつながり、世界とのつながりが深まり嬉しい。平和がいまここにあらわれ、希望が育ってゆくこの叡智を分かち合って行きます。ありがとうございます。（担当／9・10章・巻末校正）

高橋 真由美（たかはしまゆみ）
門協会認定アドバイザー
平和への早道は、頭で考えるのではなく、身体感覚から隠れた気持ちやニーズに導く「つながりの道」をたどってこそ。ゆみさんのライフワークをサポートできることも喜びです。
（出版資金協力）

福島 毅（ふくしまたけし）
直感コンサル・コーチ
「共感」と「コヒーランス」を合体させたコネクション・プラクティスは、人と人とのつながりを取り戻すために考え出された偉大な知恵だと感じました。これが水滴の波紋のように世界に広がっていったときの世界を早く見てみたいと思いました。
（出版資金協力）

日本人による世界初のコネクション・プラクティスの本

地球とハートでつながる
コネクション・プラクティスへの道

(日本語) 単行本　¥1,760　きくちゆみ (著)

日本人による世界初のコネクション・プラクティスの本。20名を超えるコネプラ実践者の体験談を収録。きくちゆみの地球シリーズ「地球と一緒に生きる」「地球を愛して生きる」「地球とハートでつながる」の3作目。

ハーモニクス出版の本

バタフライ―もし地球が蝶になったら

(日本語) 単行本　¥1,320　Norie Huddle (原著)
ノリ・ハドル&きくちゆみ (著)　林良樹+菜穂 (画)

「地球最高のゲーム　ベストゲーム」へようこそ！私たち一人一人はさなぎの中で芋虫細胞から成虫細胞に生まれ変わり、自分の役割に目覚めた時に全員で協力して「バタフライ」になります。人類の変容の可能性を描いた希望の物語。

著者紹介

リタ・マリー・ジョンソン Rita Marie Johnson

ラスール・ファンデーション・インターナショナルの創始者兼 CEO として、その業績に対し数々の賞を受けている。彼女の発案したコネクション・プラクティスは、私たちの個人的および社会的難題に対する強力で実際に役立つ解決法を提供している。カリフォルニア州サンホセの本部から世界中にこのプラクティスを広げている。

訳者紹介

きくちゆみ・森田 玄（もりたげん）

東京生まれ、ハワイ在住の自然療法家、ふくしまキッズハワイ共同代表。2014年日本人初のラスールになり、BePeace プラクティスを教え始める。2015年にラスールジャパンを川口久美子と設立、2016年より名称をコネクション・プラクティスに改め、日本人ラスール育成に尽力中。『バタフライ』『ハーモニクスライフ』他、著訳書多数。

完全につながる
―コネクション・プラクティス―平和を生み出す、脳と心臓の使い方

2016年4月22日	初版第1刷発行
2022年2月22日	第3刷発行

定　　価　　本体2500円+税

著　　者　　リタ・マリー・ジョンソン
訳　　者　　きくちゆみ・森田 玄
発　行　者　　森田 玄
発　行　所　　ハーモニクス出版
　　　　　　〒174-0051 東京都板橋区小豆沢2-21-17 A6K小豆沢402
　　　　　　rawinfo@harmonicslife.net
発　売　所　　株式会社 八月書館
　　　　　　東京都文京区本郷2-16-12　ストーク森山302
　　　　　　TEL 03-3815-0672　FAX 03-3815-0642
　　　　　　http://www.hachigatsusyokan.co.jp/

印刷・製本　　シナノ印刷 株式会社
装　　丁　　古賀 正裕

ISBN978-4-938140-94-6　Printed in Japan

本書の内容の一部あるいは全部を無断で複写（コピー）することは、法律で認められた場合を除き、著訳者および出版社の権利の侵害となります。その場合は、小社あてに許諾を求めてください。

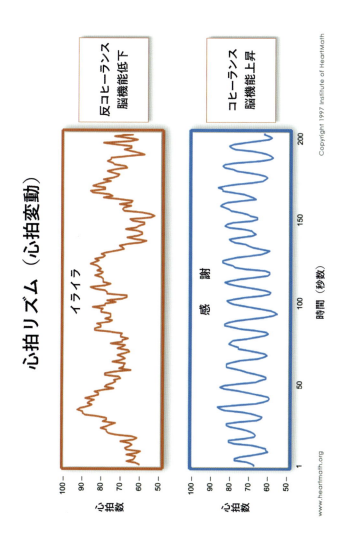

感情は心拍リズムと明晰に考える能力に影響する。(本文 32 ページ参照)

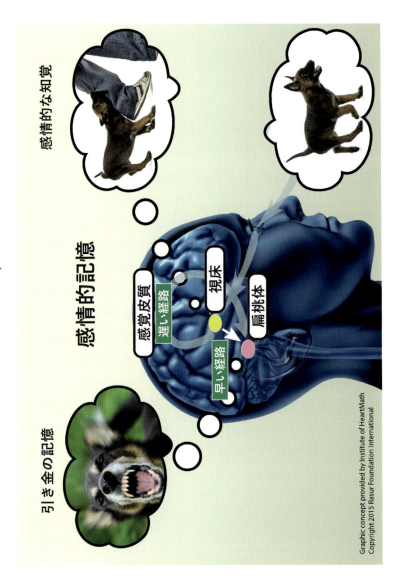

感情的記憶が扁桃体を引き起こす経路（本文34ページ参照）

完全につながる

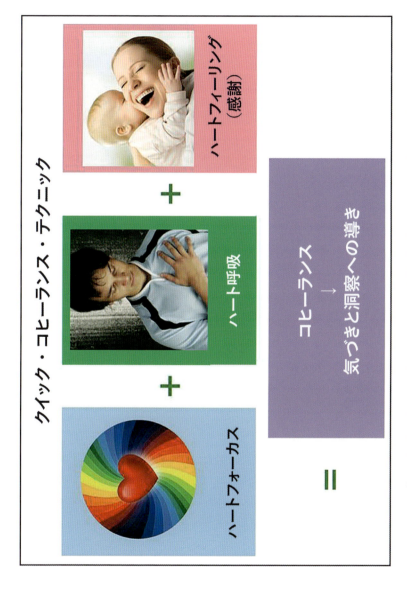

「クイック・コヒーランス・テクニック」はハートマス研究所の登録ツール（本文35ページ参照）
© 2016 Rasur Foundation International & Rasur Japan

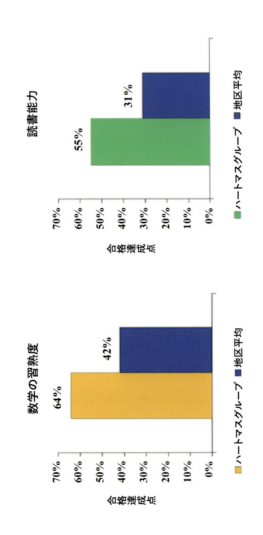

高校上級生たちのテスト合格率
ハートマスグループ 対 地区平均

ミネソタ基礎標準テストの成績にココヒーランスが効果を示した。(本文37ページ参照)

完全につながる

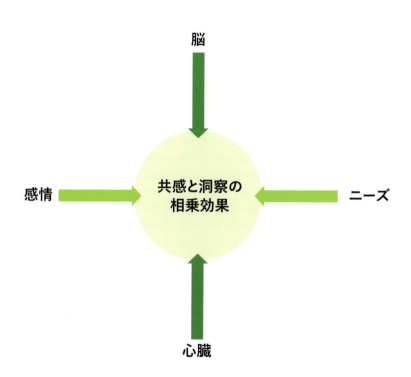

コネクション・プラクティスは、共感と洞察の方法を合体させ、完全なつながりをもたらす手法である。(本文 88 ページ参照)
© 2016 Rasur Foundation International & Rasur Japan

完全につながる

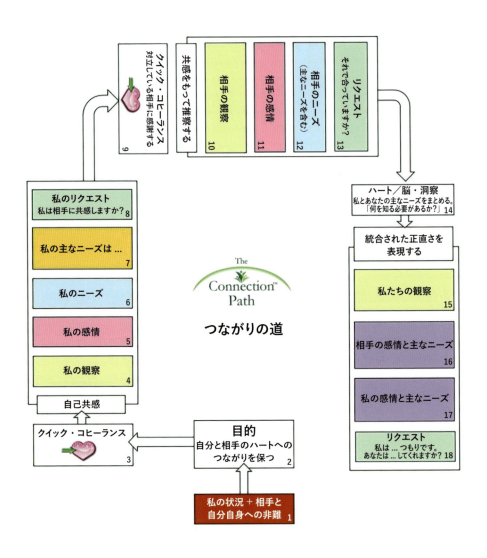

「つながりの道」は、
本人の内面での対立と、相手との対立とのどちらにも使えることができる。
（本文 93 ページ参照）
© 2016 Rasur Foundation International & Rasur Japan

Feeling

1	こわい・恐怖	afraid (scared)
2	怒っている	angry
3	イライラする	annoyed
4	恥ずかしい	ashamed
5	つまらない 退屈	bored
6	自信がある	confident
7	混乱している	confused
8	落ち込んでいる	depressed
9	絶望している 必死の	desperate
10	がっかり 失望した	disappointed
11	気落ちした	discouraged
12	落ち込んだ 苦しんでいる	distressed
13	勇気づけられる	encouraged
14	わくわく 興奮している	excited
15	不満だ	frustrated
16	感謝でいっぱい	grateful
17	申し訳ない	guilty
18	しあわせな	happy
19	途方にくれる 無力の	helpless
20	希望に満ちた	hopeful
21	希望がない	hopeless
22	傷ついた	hurt
23	不安な	insecure
24	ねたましい うらやましい	jealous
25	喜びにあふれる	joyful
26	さびしい ひとりぼっち	lonely
27	まごついた 途方にくれた	lost
28	やる気にあふれた	motivated
29	緊張している	nervous
30	マヒした 感じない	numb
31	いっぱいいっぱい 圧倒される	overwhelmed
32	後悔した 残念な	regretful (sorry)
33	ほっとした	relieved
34	憤慨している	resentful
35	悲しい	sad
36	満たされ満足り	satisfied
37	神経がすり減る	stressed
38	びっくり 驚いた	surprised
39	うたがわしい	suspicious
40	疲れた へとへと	tired
41	引き裂かれている	torn (divided)
42	感動した 心に触れた	touched
43	信じている	trusting
44	不確かな	uncertain
45	居心地が悪い	uncomfortable
46	気が動転している	upset
47	正直で無防備な	vulnerable
48	心配な	worried

これと同じデザインの感情(Feeling)とニーズ(Needs)リストのクリアファイルをラスール・ジャパンが販売しています

©Rasur Japan

Needs

受け入れられること acceptance 1	価値の承認 感謝 appreciation 2	本物であること authenticity 3		自主性 autonomy 4	祝福 お祝いすること celebration 5	明確さ clarity 6
意思疎通 communication 7	つながり connection 8	配慮 思いやり consideration 9	貢献 contribution 10	協力 cooperation 11	気楽さ ease 12
効率 efficiency 13	感情的な安心感 emotional safety 14	共感 empathy 15	平等であること equality 16	自由 freedom 17	楽しみ fun 18
成長 growth 19	調和 harmony 20	正直さ honesty 21	希望 hope 22	言行一致 誠実さ integrity 23	正しさ 公正さ justice 24
学び learning 25	愛 love 26	意味 meaning 27	悼み 嘆き mourning 28	おたがいさま mutuality 29	秩序 order 30
平和 peace 31	ニーズを満たす力 power 32	前進すること progress 33	尊敬 尊重 respect 34	休息 rest 35	安全の保障 security 36
自己表現 self-expression 37	現実の共有 shared reality 38	空間・場・余裕 space 39	支え・サポート support 40	聴いてもらえること to be heard 41	ありのまま 見てもらえること to be seen who you are 42
帰属すること to belong 43	意図を理解してもらうこと to have your intentions understood 44	大事にする 大事にされること to matter 45	信頼 trust 46	理解 understanding 47	心身の健やかさ well-being 48

これと同じデザインの感情(Feeling)とニーズ(Needs)リストのクリアファイルをラスール・ジャパンが販売しています

©Rasur Japan